Girly Graphics

An interpretation of lovely, sweet and glamorous graphic designs

Girly Graphics

PIE BOOKS

2-32-4, Minami-Otsuka,
Toshima-ku, Tokyo
170-0005 Japan
Tel: +81-3-5395-4811
Fax: +81-3-5395-4812
e-mail: editor@piebooks.com
        sales@piebooks.com
http://www.piebooks.com

ISBN978-4-89444-658-8 C3070

Printed in Japan

なるほど、ここで大切なのは「ガーリー」「カワイイ」のもつ意味の幅広さ、奥深さの裾野を広げること、多様性を与えることなのだという考えに至ったのです。

そこで本書では、作品を以下4つのカテゴリーに分類しました。

グラマラス＆ゴージャス
スウィート＆フレッシュ
キュート＆ラブリー
ロマンチック＆メルヘン

また、それぞれのカテゴリーごとに、イメージするキーワードを各扉ページへ明記しています。キーワードに照らし合わせながら、ガーリーな世界観を多面的にご覧いただけるかと思います。

「カワイイ」というポップアップ的な言葉は単なる一つの切り口、一つのきっかけにすぎない。受け取り側によって、多様なイメージや、カワイイを感じるポイントが存在しうる。その可能性は限りなく自由である—— そう踏まえれば、「カワイイ」も案外悪くない、と今は思えます。

とにかく「カワイイ」をたくさん集めた『ガーリー グラフィックス』、存分にカワイイWORLDをお楽しみいただければ幸いです。

最後になりましたが、お忙しい中、ガーリー心をくすぐる素敵な作品をご提供くださいました出品者の方々へ、また制作にあたりご協力いただきましたすべての方々へ、この場を借りて、心より御礼申し上げます。

PIE BOOKS　編集部

Kawaii ga ippai

There's a certain sort of design so irresistibly girly that it elicits a cry of "Kawaii!" from even the most world-weary woman. This book presents examples of design that conjure up images of girlishness and girlish things, and design that every girl is sure to find kawaii... a nebulous term for anything cute, pretty, sweet, delightful, adorable, or of course, girly.

But what exactly is kawaii - this adjective that pervades Japanese society to an excessive degree - all about? We use it for people, for animals, for products, for visuals, for behavior. The Japanese predilection for kawaii is so famous that magazines compile features on it, and in certain places outside Japan, the word is widely understood.

I confess that when I began work on this book, my own feelings concerning the ubiquitous "kawaii" were less than positive. It seemed all too easy, a permissive catch-all phrase. The details of what was so kawaii and why were not always clear, and it always seemed to me a facile expression. Ultimately, a thing might be kawaii, but was that really enough?

As we embarked on actually gathering the material for this book, we met resistance from a lot of designers, in the form of comments such as "I don't especially try to make things girly" "Being included in some all-encompassing notion of fancy and frilly is a bit much" "I object to something I've created from an original idea and a long process of trial and error being referred to by such a commonplace word" "I don't want to saddle the design with some fixed notion of girliness. "And so it went on, the discussion even escalating to the question of what "girly" actually means. The important thing here, we realized, was to extend the meaning of "girly" and "kawaii" to encompass greater breadth, and depth, and diversity.

Thus we've divided the works here into the following four categories.

Glamorous and gorgeous
Sweet and fresh
Cute and lovely
Romantic and fairy-tale

Each category also contains key words that conjure up associated imagery, which readers can use as a guide to view multifaceted examples of the "girly worldview".

The "kawaii" pop-up is no more than an opening, a starting point. Different people have different ideas and images of what is kawaii. The possibilities are endless. Once I adopted this attitude, I began to think that actually kawaii might not be so bad after all.

In any case, we hope you'll enjoy the deliciously, unapologetically kawaii world of Girly Graphics.

Last but not least, let me take this opportunity to thank all those who generously contributed their wonderful works to gladden every girl's heart.

The editorial staff   PIE BOOKS

Editorial Notes
エディトリアルノート

Ⓐ アイテム名 Items

Ⓑ クライアント［業種名］ Client［Type of Industry］

Ⓒ スタッフクレジット

CD：クリエイティブ・ディレクター　Creative Director
AD：アート・ディレクター　Art Director
D：デザイナー　Designer
I：イラストレーター　Illustrator
CW：コピーライター　Copywriter
P：フォトグラファー　Photographer
DF：制作会社　Design Firm
SB：作品提供社　Submittor
E-：エグゼクティブ～　Executive

Ⓐ　　　　　Ⓑ　　　　　Ⓒ

ブランドポスター、シール、名刺、封筒
Branding Poster, Seal, Business Card, Envelope
F1メディア［メディアプロデュース］ F1 MEDIA inc.［Media Producer］
AD, D: 長嶋りかこ　Rikako Nagashima　D: 水溜友絵　Tomoe Mizutamari
P: 青山たかかず　Takakazu Aoyama　Producer: 星本和容　Kazuhiro Hoshimoto　SB: 博報堂　HAKUHODO INC.
Printing Director: 鈴木 登　Noboru Suzuki　DF: シロップ　Syrup

Glamorous & Gorgeous

グラマラス & ゴージャス

likable / sexy / witches / mode / gothic / luxury / black&pink / dark

大人カワイイ / セクシー / 小悪魔 / モード / ゴシック

ラグジュアリー / 黒＆ピンク / 夜

ブランドポスター、〇〇〇ル 名刺、封筒
Branding Poster, 8●●● Business Card, Envelope
F1 MEDIA inc. [Media Producer]
F1メディア[メディア〇〇〇〇〇〇〇〇 プロデュ〇〇〇
AD・P: 青〇りかこ Rikako Nagashima D: 水溜友絵 Tomoe Mizutamari
所: 青山なかず Takakazu Aoyama Producer: 星本和容 Kazuhiro Hoshimoto
Printing Director: 〇〇登 Noboru Suzuki DF: シロップ Syrup
SB: 博報堂 HAKUHODO INC.

ve collection

シーズンポスター Seasonal Poster
ラフォーレ原宿［商業施設］LAFORET HARAJUKU Co., Ltd. ［ Commercial Facility ］
CD, AD: 野田 凪　Nagi Noda
SB: 宇宙カントリー　Uchu Country

シーズンポスター Seasonal Poster
ラフォーレ原宿［商業施設］
LAFORET HARAJUKU Co., Ltd. ［ Commercial Facility ］
CD, AD: 野田 凪　Nagi Noda
SB: 宇宙カントリー　Uchu Country

シーズンポスター Seasonal Poster
ラフォーレ原宿［商業施設］LAFORET HARAJUKU Co., Ltd. ［ Commercial Facility ］
CD, AD: 野田 凪　Nagi Noda　SB: 宇宙カントリー　Uchu Country

Say Yes! To Being Happy
Laforet
Christmas

シーズンポスター　Seasonal Poster
ラフォーレ原宿［商業施設］
LAFORET HARAJUKU Co., Ltd. ［ Commercial Facility ］
CD, AD: 野田 凪　Nagi Noda
SB: 宇宙カントリー　Uchu Country

LAFORET SPRING

シーズンポスター　Seasonal Poster
ラフォーレ原宿［商業施設］
LAFORET HARAJUKU Co., Ltd. ［ Commercial Facility ］
CD, AD: 野田 凪　Nagi Noda
SB: 宇宙カントリー　Uchu Country

Seasonal DM
ニコ[ヘアサロン] Salon Nico [Hair Salon]
AD: 柳田基 Tomoki Furukawa
SAFARI INC. SB: サファリ SAFARI INC.

ORIGAMI
First Anniversary Special Version

2005 Summer Greeting &
First Anniversary Greeting

Seasonal DM
[アパレル] H. Co., Ltd [Apparel]
CD: 里佳 Koichi Sato (DRELLA)
AD: 越尾和正 Kazumasa Koshio D: 清水ミキ Miki Shimizu
DM: SUNDAY VISION SUNDAY VISION inc.
SB: SUNDAY VISION SUNDAY VISION inc.

2003
Autumn and Winter
Exhibition

ORINE.

for Buyer
2003 / 05 / 26 (MON) - 2003 / 05 / 28 (WED)
11:00 - 20:00

for Press and Friends
2003 / 05 / 30 (FRI) - 2003 / 05 / 31 (SAT)
11:00 - 20:00

2003 Autumn and Winter Exhibition
ORINE.

シーズンポスター　　Seasonal Poster
ラフォーレ原宿［商業施設］ LAFORET HARAJUKU Co.,Ltd. [Commercial Facility]
Musubi Aoki AD: 柿木原政広　Masahiro Kakinokihara　D: 池田充宏　Mitsuhiro Ikeda
CD: 青木むすび　 Tomio Doi　Retoucher: 桜井素直　Sunao Sakurai
土井富雄　P: Arisa Kadosue　Stylist: 細川知恵子　Chieko Hosokawa
Jyoji Morikawa　SB: 10

tokyo lash bar

a

tokyo lash bar

b

tokyo lash bar

c

tokyo lash bar

d

tokyo lash bar

e

tokyo lash bar

f

広告・店頭用ビジュアル　Advertising / Instore Visual (Worldwide)
製品製造・販売：SHU UEMURA [Cosmetics Manufacture / Sales]
D：清水小百合　清水佳世　Sayuri Shimizu　Kayo Shimizu　P：土井浩一郎　Koichiro Doi
Shu Uemura (a, b, c) ／打出角康　Kakuyasu Uchiide (d, e, f)

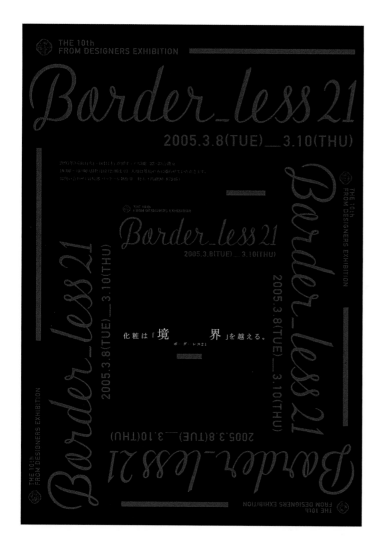

展示会広告ポスター　Art Exhibition Poster
資生堂[化粧品製造・販売]　SHISEIDO CO., LTD. [Cosmetics Manufacture / Sales]
AD・D: 丸橋 桂　Katsura Maruhashi　CW: 近森未来　Miku Chikamori
SB: 資生堂　SHISEIDO CO., LTD.

State Laboratory "Bulgarska Rosa"Ltd.
CERTIFICATE OF VINTAGE BULGARIAN ROSE OIL

パッケージ　Packaging
資生堂 [化粧品製造・販売]
SHISEIDO CO., LTD. [Cosmetics Manufacture / Sales]
CD: 信藤洋二　Yoji Nobuto
D: 川俣加菜子　Kanako Kawai
SB: 資生堂　SHISEIDO CO.,LTD.

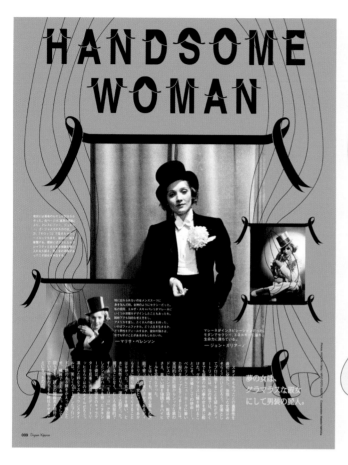

雑誌エディトリアル　Magazine Editorial
コンデナスト・パブリケーションズ・ジャパン［出版］
CONDE NAST PUBLICATIONS JAPAN［Publishing］
CD: 野田凪　Nagi Noda　AD, D, I: 阿部一秀　Kazuhide Abe
DF: 宇宙カントリー　Uchu Country　SB: 阿部一秀　Kazuhide Abe
『VOGUE NIPPON』'07年1月号

ノベルティグッズ　Novelty Goods
ワールド通商［時計宝飾販売］　World Commerce Corporation［Watches and Fine Jewelry Sales］
AD: 三澤遥　Osamu Misawa　D: 梶谷聡美　Satomi Kajitani
SB: 三澤遥デザイン室　Osamu Misawa Design Room Co., Ltd.

シーズンポスター　Seasonal Poster
恵比寿ガーデンプレイス［商業施設］　YEBISU GARDEN PLACE［Commercial Facility］
AD. D: カイシトモヤ　Tomoya Kaishi　DF: ルームコンポジット　room-composite
SB: ルームコンポジット　room-composite

TAKEO Co., Ltd. [Paper Manufacturer]
Akio Sekimoto ドラフト DRAFT Co., Ltd.
DRAFT Co., Ltd.

Personal DM

Wacoal Corp. [Lingerie Brand]

フェアブラ Noboru Naito

yata AD: 宮田央子 Naoko Fukuoka

Miyoda / 福岡央子 Naoko Fukuoka

usa K Producer: 秋元和歌子 Wakako Akimoto

t Co.,

Invitation Card

ックス [製造・販売]

[Cosmetics Manufacture / Sales]

Sui D: 水井智子 Tomoko Mizui

イックス ANNA SUI COSMETICS

招待状　Wedding Invitation Card
Tsuboi［Private］
uke Ono　上：嶽 まいこ　Maiko Dake　Printing Director: 鈴木 登　Noboru Suzuki
DO INC.

Happy 20th
Birthday to you.

バースデーカード　Birthday Card
ANNIE［個人］ ANNIE［Private］
AD, D: 小野勇介　Yusuke Ono　嶽 まいこ　Maiko Dake
Printing Director: 鈴木登　Noboru Suzuki
SB: 博報堂　HAKUHODO INC.

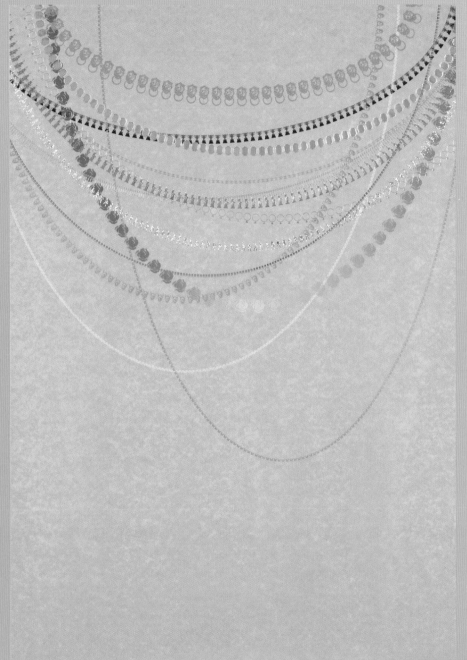

Poster

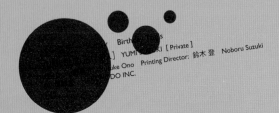

Birthday Works
[　　] YUMI SUZUKI [Private]
　　uke Ono　Printing Director: 鈴木登　Noboru Suzuki
　DO INC.

Invite you to the birthday party of Yumi Suzuki
Saturday March 18, 2006 7:00pm – Midnight
This invitation is personal for you and a guest and is non-transferable

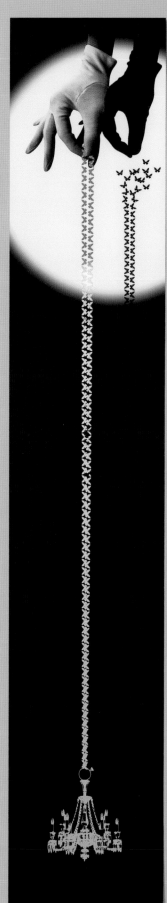

Ornament

Invitation Card

コ パッケージ Packaging
販売
製造 / 販売 [化粧品製造 / 販売] Cosmetics Manufacture / Sales]
SHISEIDO CO., LTD.
CD: 三澤 Yamamoto
AD: Yuo Misawa   D: 近藤香織 Kaori Kondo
製造 販売 SHISEIDO CO., LTD.

通常パッケージ

最も愛され、最も憎まれた、
世界一有名な王妃・マリー・アントワネットに
新たな光をあてた物語

INTRODUCTION

コ Packa   VD
プロダクシ
M CORPORATION [Video Production]
KUSHINSHA FILM CORPORATION

Packaging
ション [　　　入・販売]
K.K. [Cosmetic Import Sales]
ション：FITS CORPORATION K.K.

初回限定パッケージ
初回生産限定につき、店舗によっては無い場合もございます。

夜の火遊びはやめなさい。　グラスに口紅を残さないように。　不用意に二人きりにならないように。　歩きながらの
誰かれかまわずキスするのはやめなさい。　ぬいぐるみを抱いて寝るのはやめなさい。　お酒に弱いフリをしなさい。
タトゥーなんて、絶対ダメ。　向こうからアプローチしてくるまで待ちなさい。　つまみ食いはやめなさい。
独り占めしてはいけない。　やたらにアタックするのはやめなさい。　肌を露出しすぎないように。
やめなさい。　ヒールは彼よりも背が低くなるように。　父親を心配させてはいけない。　毎日合コンするのはやめなさい。
注意しなさい。　ケバケバしい服はやめなさい。　思わせぶりな態度をとってはいけない。　胸が大きく開いた
軽い気持ちで関係を持ってはいけない。　大盛りの注文はよしなさい。　オールで遊んで、そのまま会社に行く
年相応の服装を心がけなさい。　夜遊びはほどほどにしなさい。　彼からのプレゼントを質屋に
持っていくのはやめなさい。　感情的になるのはやめなさい。　奇抜な色のネイルはやめなさい。
大声で笑うのはやめなさい。　行きずりの恋はやめなさい。　見せびらかすのはやめなさい。
周りが見えなくなるような恋愛はやめなさい。　二日酔いになるほど飲んではダメ。
夜9時以降の飲食はやめなさい。　賭け事はやめなさい。
カフェインを摂り過ぎないように。　ウソをついては
いけない。　朝帰りはやめなさい。

携帯メールはやめなさ
路上キスはやめなさ
カラオケマイ
食事中に脚を組む
甘いお酒の飲み過
服はやめなさ
のはやめなさ

いけないこと、してみたい。

LEVI'S LADY STYLE
www.levis-lady-style.com

ブランド広告　Branding Advertisement
リーバイ・ストラウス ジャパン [アパレル]　Levi Strauss Japan K.K. [Apparel]
CD: Graham Kelly　D: 足立洋平　Yohei Adachi　CW: 高田聡子　Satoko Takada　P: Clang
Stylist: John Hullum　Hair Styling: Kevin Woon　Make up: Yuki Wada
SB: リーバイ・ストラウス ジャパン　Levi Strauss Japan K.K.
LEVI'S® LADY STYLE 2006年秋

ブランド広告　Branding Advertisement
リーバイ・ストラウス ジャパン［アパレル］　Levi Strauss Japan K.K. ［Apparel］
ECD: Steve Elrick　AD: 足立洋平　Yohei Adachi　D: 山田誠也　Seiya Yamada　CW: 高田聡子　Satoko Takada
I: Vault49　P: Odessy Barbu　Stylist: Sarah Gore Reeves　Hair Styling: Clyde Haygood　Make up: Rachel Goodwin
SB: リーバイ・ストラウス ジャパン　Levi Strauss Japan K.K.
LEVI'S® LADY STYLE 2007年春

イベント告知ポスター　Event Announcement Poster
毛皮族[劇団]　Kegawa-zoku [Theatre Group]　AD: 佐野研二郎　Kenjiro Sano
CD: 江本純子　Junko Emoto
D: 榮良太　Ryota Sakae　PR: 保坂暁　Akira Hosaka
SB: 博報堂　HAKUHODO INC

イベント告知ツール
Event Announcement Tools
蛍光TOKYO［クリエイティブブティック］ KEI-KO TOKYO Ltd.［Creative Boutique］
CD: 蛍光TOKYO　KEI-KO TOKYO　AD, D: DESIGN BOY
DF: DESIGN BOY Inc.　SB: DESIGN BOY Inc.

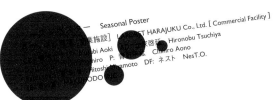

Seasonal Poster
［商業施設］ LAFORET HARAJUKU Co., Ltd. [Commercial Facility]
Murubi Aoki AD: 青木啓研 Hironobu Tsuchiya
hiro P: 青野千尋 Chihiro Aono
Hitoshi Miyamoto DF: ネスト NesT.O.
HACHODO Inc.

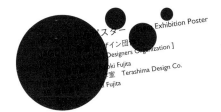

ポスター Exhibition Poster
デザイン団体 Designers Organization]
oki Fujita
室 Terashima Design Co.
Fujita

Moon Records [Record Company]

Eriko Sekimoto
川上恵莉子　Eriko Kawakami
Co., Ltd.　SB: ドラフト　DRAFT Co., Ltd.

MY HEART DRAWS A DREAM

ほら　風が動きだした
まだ　諦めたりはしない
太陽を背の先に感じる
迎風であろうと

この胸は夢を描いてくよ
何処までも続く　自由に舞うのさ
降り立つ彼方で目を開けたら・・・
笑顔のままの君に逢える気がして
・・・逢えると良いな

ねえ　息を合わせたなら
もっと　高く飛べるはずさ
そこからは未来が見えるかな?
ツギハギであろうと

この胸は夢を描いてくよ
遥かなる時を飛び越えてくのさ
My heart draws a dream.
いつの日かきっと　叶うと良いな
笑顔のままの君で居られるように

さあ手を伸ばし
今、帆を放とう
心は誰も縛れはしない
視線は日差しを捉えてる
どんな淀めた世界でも

僕も君
夢を描くよ　夢を描くよ
Our hearts draw a dream.
夢を描くよ　夢を描くよ
・・・ほら

降り立った彼方で　目を開けたら・・・
笑顔のままの君に　逢えると良いな

words : hyde
music : ken
arranged by L'Arc-en-Ciel

Feeling Fine 2007

Are you feeling fine?
眠れない夜には君の幻が・・・
She said.
"Loving you made me happy everyday"
あの頃と同じ無邪気な顔で話しかけないで

繋がっていても予感してたから最初から余分
短い過去の嘘を教えてくれた別れの意味

いつになれば心を断ち切り君を乗り越える?

Are you feeling fine?
長い道の途中できさよなら代わりに
She said.
"Loving you made me happy everyday"
何事も無いよう世界は回る君を残して

限りなく自由・・・使えないくらい時間は尽きない
晴れ渡る日々に閉ざしていても自由だけど

酔いを伸ばしドアを開いて忘れかけたのに・・・

Are you feeling fine?
眠れない夜には君の幻が・・・
She said.
"Loving you made me happy everyday"
あの頃と同じ無邪気な顔で話しかけないで

春色軽く何処か君を・・・
今抱きっと気にも止めずに君は夢の中

Are you feeling fine?
無数な紙切れは止めて明日へと向かおう
I said.
"Loving you made me happy everyday"
いつの間にか眠りに迷切れて消えた笑顔のままで

words : hyde
music : ken
arranged by YUKI P'UNK

pepita de gasa*

Lucchi + gasa* お花屋さん

2004. 7.16 fri~7.19 mon　　12:00~20:00

www.chimu-chimu-lucchi.com/　　Lucchi

シーズンポスター、招待状 Seasonal Poster, Invitation Card
ルッキ［アパレル］ Lucchi ［Apparel］
D. P: 谷麻代　Asayo Tani　SB: ピクトロン　Pictron

CD
...音楽出版：Happiness Records［Music Publishing］
Tomoya Kaishi　DF: ルームコンポジット　room-composite
room-composite

CD
...音楽出版：Happiness Records［Music Publishing］
Tomoya Kaishi　DF: ルームコンポジット　room-composite
room-composite

Seasonal Poster

フローズンヴォイス〔店名 運営〕 AIM CREATE [Fashion Department Store Administration]
エネム・カリビビインパフォッション デパートメント Shinsuke Koshio   AD, D: 清水ミキ   Miki Shimizu
CD, AD, D: 越膳勝男   Koshi Masahara   Stylist: 加藤 將   Masaru Kato (vacans)
弁 優美惠津子ヘアメイク   Yumi Narai   DF: SUNDAY VISION   SUNDAY VISION inc.
Hairmake: マナ   編集 SUNDAY VISION   SUNDAY VISION inc.

Seasonal Poster

ッションデパートメント〔店名 運営〕 AIM CREATE [Fashion Department Store Administration]
Shinsuke Koshio   AD, D: 清水ミキ   Miki Shimizu
Kamioka (mon lou lou)   Stylist: 加藤 將   Masaru Kato (vacans)   Make up: 大内あやこ   Ayako Ouchi (mon lou lou)
Shinya Tamura (mon lou lou)   SB: SUNDAY VISION   SUNDAY VISION inc.
SUNDAY VISION inc.

L-magazine Publishing]
gita / 古川 智美 Tomomi Furukawa
INC. P: 岡田久仁子 Kuniko Okada
INC.

ツアーパンフレット Tour Pamphlet
アイ ー ファクトリー[プロダクション] VISION FACTORY Co., Ltd. [Production]
te Koshio D: 清水ミキ Miki Shimizu P: 平間 至 Itaru Hirama
niko Goto (Post Foundation) Hairmake: 栗原里美 Satomi Kurihara (Air Notes)
SUNDAY VISION inc.
SUNDAY VISION inc.

CD
エピックレコードジャパン［レコード会社］ Epic Records Japan Inc. [Record Company]
AD: スルー THROUGH. P: 高橋ヨーコ Yoko Takahashi
設: スルー THROUGH.

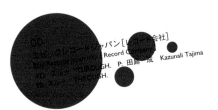

CD
エピックレコードジャパン［レコード会社］
Epic Records Japan Inc. [Record Company]
AD: スルー THROUGH. P: 田島 成 Kazunali Tajima
設: スルー THROUGH.

Sweet & Fresh

スウィート & フレッシュ

gentle / fresh / clear / simple / heeling / sensitive / crystal-clear

やさしい / 爽やか / クリア＆透明感 / シンプル

癒し系 / 繊細 / 瑞々しい

お外で飲むと、かわいい。

You are cute if you drink a pack of Lipton outside.

ブランドポスター　Branding Poster
森永乳業［食料品製造・販売］Morinaga Milk Industry Co.,Ltd.［Foodstuff Manufacture and Sales］
CD, CW: 吉岡虎太郎　Kotaro Yoshioka　AD, D: 細川 剛　Go Hosokawa　P: 青野千紘　Chihiro Aono
D: 林 智徳　Tomonori Hayashi / 増田貴哉　Takaya Masuda　Retoucher: 波多野明　Akira Hatano
Stylist: 百々奈津美　Natsumi Dodo　Hairmake: 池上 豪　Go Ikegami
SB: 博報堂　HAKUHODO INC.

お外で飲むと、かわいい。

You are cute if you drink a pack of Lipton outside.

お外で飲むと、かわいい。

You are cute if you drink a pack of Lipton outside.

シーズンポスター　Seasonal Poster
ユナイテッドアローズ［紳士服・婦人服及び雑貨等の企画・販売］
UNITED ARROWS LTD. [Men's and Women's Clothing, Miscellaneous Good Planning and Sales]
AD, D: 高井 薫　Kaoru Takai　D: 中村純子　Junko Nakamura　P: 瀧本幹也　Mikiya Takimoto
PR: 徳永あかね　Akane Tokunaga / 小原淳平　Junpei Ohara　DF: サン・アド　Sun-Ad Co.,Ltd.
SB: サン・アド　Sun-Ad. Co.,Ltd.

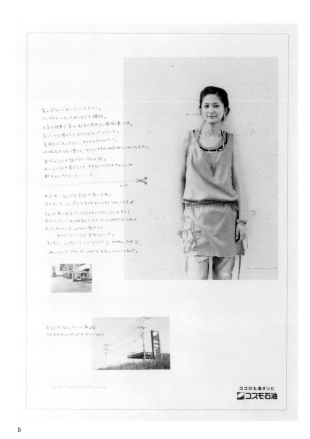

a

b

c

d

ブランドポスター　Branding Poster
コスモ石油［エネルギー］　COSMO OIL［Energy］
CD: 篠原直樹　Naoki Shinohara　AD, D: 小野勇介　Yusuke Ono　CW: 臼井健太郎　Kentaro Usui
P: 小松正幸　Masayuki Komatsu　Hairmake: 志村 治　Osamu Shimura
Stylist: 谷中あきえ　Akie Yanaka (a, b) / MIU (c, d)
SB: 博報堂　HAKUHODO INC.

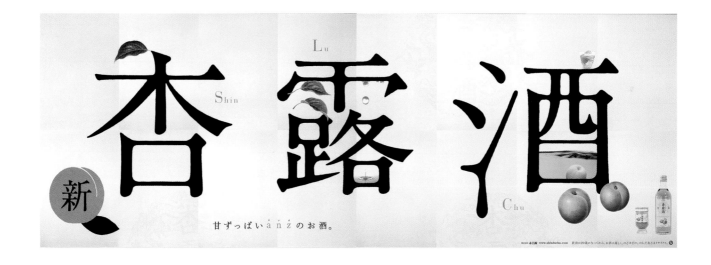

商品案内ポスター　Product Promotion Poster
キリンビール［飲料メーカー］KIRIN Co.,Ltd. [Beverage Supplies]
CD, CW: 曽原 剛　Go Sohara　AD: 水野 学　Manabu Mizuno　D: 古屋貴広　Takahiro Furuya
P: 瀧本幹也　Mikiya Takimoto　DF: グッドデザインカンパニー　good design company
SB: グッドデザインカンパニー　good design company

イベント告知ポスター　Event Announcement Poster
クリスタルガイザー［飲料品の製造・販売］　CRYSTAL GEYSER [Beverage Production and Sales]
CD, AD: 佐野研二郎　Kenjiro Sano　D, I: 小杉幸一　Koichi Kosugi
D: 岡本和樹　Kazuki Okamoto / 原野賢太郎　Kentaro Harano
SB: 博報堂　HAKUHODO INC.

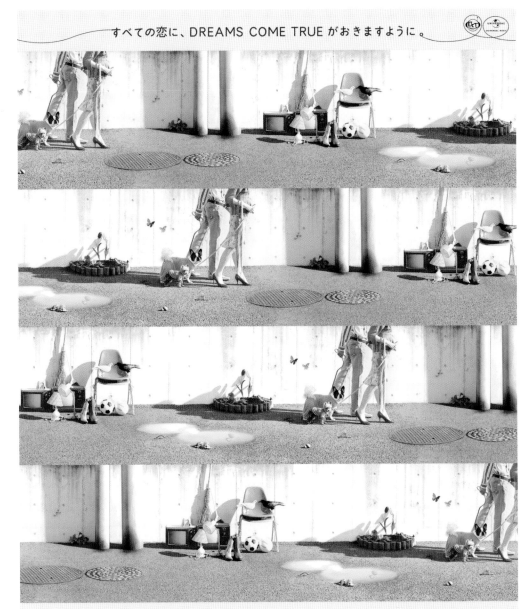

イベント告知ポスター、CD Event Announcement Poster, CD
ディーシーティーレコーズ［レコード会社］　DCT records [Record Company]
CD: 今永政雄　Masao Imanaga　AD, D: えぐちりか　Rika Eguchi
CW: 並河 進　Susumu Namikawa　D: 藤井 亮　Akira Fujii
P: 辻 佐織　Saori Tsuji　SB: 電通　DENTSU Inc.

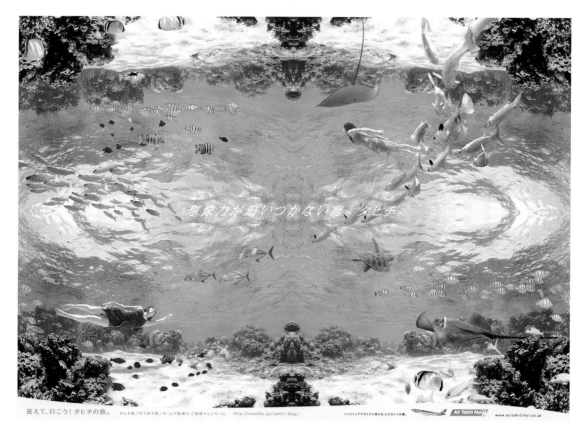

ブランドポスター　Branding Poster
エア タヒチ ヌイ [航空会社]　Air Tahiti Nui [Airline]　AD: 渡部浩明　Hiroaki Watanabe
CD: 金尾泰雄　Yasuo Kaneo　CD, CW: 鵜久森徹　Toru Ugumori　CG: 桜井素直　Sunao Sakurai
D: 河西達也　Tatsuya Kasai　P: 舛本晋一　Shinichi Masumoto
DF: イネガデザイン　INEGA. D　SB: イネガデザイン　INEGA.D

ふろしき　FUROSHIKI
クリエイションギャラリーG8［ギャラリー］
Creation Gallery G8［Gallery］
AD: 森本千絵　Chie Morimoto　　D: 星野芳輝　Yoshiteru Hoshino
I: 大塚いちお　Ichio Otsuka　P: 中島宏樹　Hiroki Nakashima

シーズンポスター　Seasonal Poster
ららぽーと［商業施設］Lalaport Co., Ltd.［Commercial Facility］
AD, D: 青木康子　Yasuko Aoki　P: アマナ　amana inc.
Flower Arrangement: 榊ゆりこ　Yuriko Sakaki　DF: パンゲア　PANGAEA Ltd.
SB: パンゲア　PANGAEA Ltd.

郵政民営化は、ゴールじゃなくて、スタ

◎ 採用セミナー
日時 2/4（日）・5（月） 10:00 / 15:00
場所 六本木ヒルズ 40階
申込 「リクナビ2008」の当社ページからお申し込みくだ
※ 新卒採用に関するお問い合わせは、メール（japanpost@s-hr.jp）にて受け付けており

日 本 郵 政 グ ル ー プ 　 第 一 期

ブランドポスター、リーフレット　Branding Poster, Leaflet
日本郵政グループ［郵便事業］　JAPAN POST SERVICE Co., Ltd. [Mail Service]
CD: 田中達也　Tatsuya Tanaka　AD: 高井 薫　Kaoru Takai
D: 島田陽介　Yosuke Shimada　CW: 富田安則　Yasunori Tomita
P: 瀧本幹也　Mikiya Takimoto　DF: サン・アド　Sun-Ad Co.,Ltd.
SB: サン・アド　Sun-Ad. Co.,Ltd.

雑誌広告　Magazine Advertisement
セガサミーホールディングス［グループ経営管理］　Sega Sammy Holgings Inc. [Group Administration and Management]
CD, CW: 橋爪慎一郎　Shinichiro Hashizume　AD, D: 細川 剛　Go Hosokawa　P: 青野千紘　Chihiro Aono
D: 林智徳　Tomonori Hayashi / 松崎 賢　Suguru Matsuzaki　Retoucher: 波多野明　Akira Hatano
Stylist: 三浦航　Wataru Miura　Producer: 須藤尚子　Hisako Sudo
SB: 博報堂　HAKUHODO INC.

ブランドポスター　Branding Poster
協和発酵工業［製薬］KYOWA HAKKO KOGYO Co.,Ltd.［Pharmaceuticals］
AD: 森本千絵　Chie Morimoto　CD: 新妻英信　Hidenobu Niizuma
CW: 曽原 剛　Go Sohara　D: 細川 剛　Go Hosokawa / 内田喜基　Yoshiki Uchida
I: 大塚いちお　Ichio Otsuka　P: ホンマタカシ　Takashi Honma

商品案内ポスター　Product Promotion Poster [Pharmaceuticals]
大塚製薬 [製薬] Otsuka Pharmaceutical Co.,Ltd. [Pharmaceuticals]
CD: 古田彰一　Shoichi Furuta　AD: 藤田 誠　Makoto Fujita　D: 藤田純平　Junpei Fujita
CW: 下東史明　Fumiaki Shimohigashi　P: 森本徹也　Tetsuya Morimoto
DF: 萩田耕治 (ライナーデザイン)　Kouji Hagita (Liner Design)
SB: 博報堂　HAKUHODO INC.

Make
the way
for
the wind
and
smell it.

2007

Spring & Summer

FRAMeWORK

シーズンポスター　Seasonal Poster
フレームワークス[アパレル]　FRAMEWORKS CO.,LTD. [Apparel]
AD: ナミエミツヲ (スカイビジュアルワークス)　Mitsuo Namie (sky visual works)
P: 市橋織江　Orie Ichihashi　Styling: 竹渕智子　Tomoko Takebuchi
Hairmake: 塩沢延之 (モッズヘア)　Nobuyuki Shiozawa (Mod's Hair)　SB: スカイビジュアルワークス　sky visual works
DF: スカイビジュアルワークス　sky visual works

一番大好きだった先輩を思い出しました。

「叱る言葉」講談社 定価1,200円(税込み)

叱ってくれる人が、今は、近くにいないから。

「叱る言葉」講談社 定価1,200円(税込み)

商品案内ポスター　Product Promotion Poster
花王[洗剤・化粧品・食品・化学製品の製造] Kao Corporation [Cleaning Products, Cosmetics, Food and Chemicals Production]
ECD: 河野俊哉　Toshiya Kono　CD, CW: 吉澤 到　Itaru Yoshizawa　AD: 土家啓延　Hironobu Tsuchiya
D: 横尾美杉　Misugi Yokoo / 松永 路　Michi Matsunaga　CW: 河西智彦　Tomohiko Kawanishi / 上條直人　Naoto Kamijo
P: 中島宏樹　Hiroki Nakashima　I: 前田直子　Naoko Maeda　Retoucher: 宮本 准　Hitoshi Miyamoto
SB: 博報堂　HAKUHODO INC.

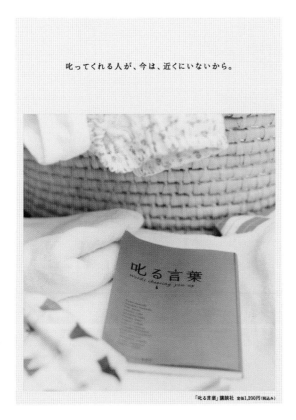

叱ってくれる人が、今は、近くにいないから。

叱る言葉
Words showing you as

「叱る言葉」講談社 定価1,200円(税込み)

強さも、やさしさも、みんな叱られて知った。

叱る言葉
Words showing you as

「叱る言葉」講談社 定価1,200円(税込み)

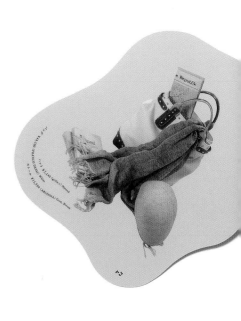

シーズンカタログ　Seasonal Catalog
フレームワークス[アパレル]　FRAMEWORKS CO., LTD.［Apparel］
AD: 大島依提亜　Idea Oshima　P: 端 裕人　Hiroto Hata
Stylist: 山本マナ　Mana Yamamoto　Hairmake: 杉山彰啓　Akihiro Sugiyama
SB: 大島依提亜　Idea Oshima

COLLECTION
PRINTEMPS ET ETE　2005
salon d' H.P. FRANCE
- plage -

H.P. FRANCE
〒150-0001 東京都渋谷区神宮前 6-10-11
原宿ソフィアビル 5階
TEL 03 5778 2020　FAX 03 5778 2024

展示会招待状　Invitation Card　H.P.FRANCE S. A.　[Apparel]
アッシュ・ベー・フランス［アパレル］
AD, D: 佐野智子　Satoko Sano　AD: 関口 元　Hajime Sekiguchi
SB: アッシュ・ベー・フランス　H.P.FRANCE S. A.

シーズンカタログ　Seasonal Catalog
SM2 (サマンサモスモス) [アパレル]　SM2 (Samantha Mos Mos) [Apparel]
AD, D, I: 井崎亜美　Ami Izaki　CD, CW: 永堀アツオ　Atsuo Nagahori　P: 鷺坂隆　Takashi Sagisaka
Stylist: 岡尾美代子　Miyoko Okao　Hairmake: 杉山彰啓 (モッズヘア)　Akihiro Sugiyama (Mod's hair)
Producer: 岩崎真也　Shinya Iwasaki　Model: 夢子 (シュガーアンドスパイス)　Yumeko (Sugar & Spice)
SB: ゲティングベター　Getting Better Co., Ltd.

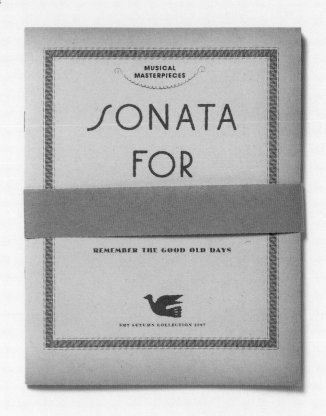

シーズンカタログ　Seasonal Catalog
SM2（サマンサモスモス）[アパレル] SM2 (Samantha Mos Mos) [Apparel]
AD, D, I: 井崎亜美　Ami Izaki　CD, CW: 永堀アツオ　Atsuo Nagahori　P: 鷺坂 隆　Takashi Sagisaka
Stylist: 岡尾美代子　Miyoko Okao　Hairmake: 杉山彰啓（モッズヘア）　Akihiro Sugiyama（Mod's hair）
Producer: 岩崎真也　Shinya Iwasaki　Model: 入夏（岡崎事務所）　IRUKA (OKAZAKI MODELS)
SB: ゲティングベター　Getting Better Co., Ltd.

シーズンカタログ　Seasonal Catalog
SM2（サマンサモスモス）[アパレル] SM2 (Samantha Mos Mos) [Apparel]
AD, D, I: 井崎亜美　Ami Izaki　CD, CW: 永堀アツオ　Atsuo Nagahori　P: 鷺坂 隆　Takashi Sagisaka
Stylist: 岡尾美代子　Miyoko Okao　Hairmake: 杉山彰啓（モッズヘア）　Akihiro Sugiyama（Mod's hair）
Producer: 岩崎真也　Shinya Iwasaki　Model: 入夏（岡崎事務所）　IRUKA (OKAZAKI MODELS)
SB: ゲティングベター　Getting Better Co., Ltd.

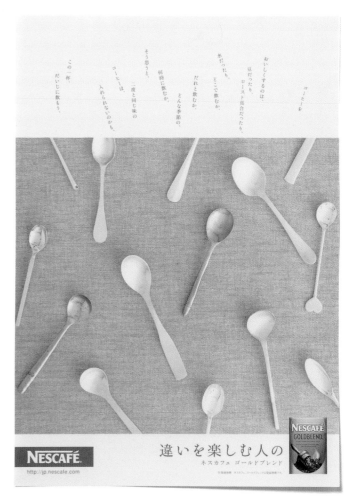

雑誌広告、プロモーションツール　Magazine Advertisement, Promotion Tools
ネスレ日本 [飲食料品の製造・販売] Nestlé Japan Ltd.［Beverage Production and Sales］
CD: 菊地 晶　Akira Kikuchi　AD: 秋葉裕介　Yusuke Akiba
CW: 横川謙司　Kenji Yokokawa ／ 尾花真由美　Mayumi Obana
P: 片桐飛鳥　Asuka Katagiri　DF: クリエーティブオフィス タブコ　TAVCO
SB: 電通　DENTSU Inc.

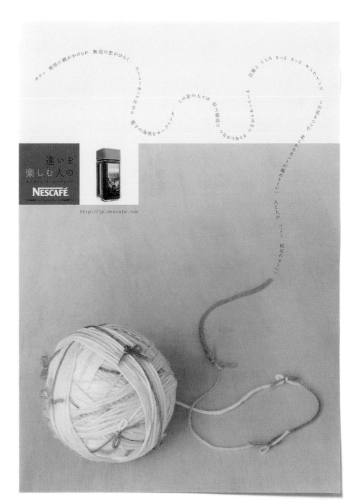

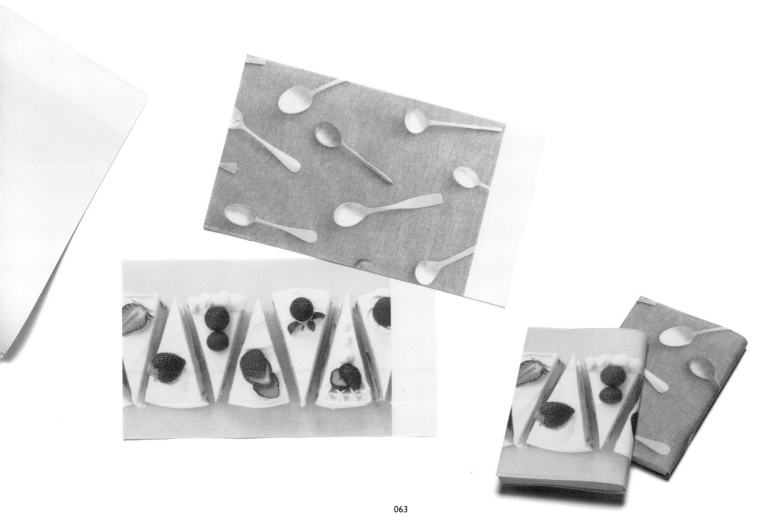

世界の家庭を訪れると、まだまだ知らない"おいしいもの"がある。すごく、おもしろい。ちょっと、くやしい。メーカーとして、世界の"お母さん"に負けられない。

「レモン は、皮がおいしいんだよ。」→私たちはひらめいた。　南イタリアの

KIRIN 世界のKitchenから

レモンピール をはちみつ に漬け込んでみよう。ピールの味、香りが じわじわしみだした、 ほろにがおいしい "ピール漬けハチミツレモン"ができあがりました。

KIRIN 世界のKitchenから Inspiration from Amalfi Lemon Peel & Honey ピール漬け ハチミツレモン 果汁10%未満

キリンビバレッジから、新ブランドはじまる。

http://www.beverage.co.jp キリンビバレッジ

8/7 NEW!

おいしさを笑顔に KIRIN

世界のKitchenから、第二弾できました。

プロヴァンス で教わった「砂糖で煮つめておいしくするワザ」。世界のKitchenからは、ジンジャー を煮つめて みました。甘みの中にじわーっと広がる、 ぴりっとした風味。ソーダできりりと割って、ジンジャー＆スパイス がしっかりと香り立つ、第二弾！ディアボロ・ジンジャーできました。もちろん、無香料。

KIRIN 世界のKitchenから

：…フランスでは、シロップをソーダで割って飲むことを、ディアボロといいます。

キリンビバレッジ株式会社 http://www.beverage.co.jp のんだあとはリサイクル

世界の"お母さん"に負けられない。

旅に出て、思いがけないおいしさに出会ったことはありませんか。

私たちがインスピレーションを受けたのは、高級なレストランではなく、家庭のキッチンで家族のために料理を作る、お母さんからでした。母から娘へと受け継がれてきた素材の滋味を引き出す知恵に、おいしさのヒントがたくさん隠されていることに気づいたのです。世界の家庭を訪れると、まだまだ知らないおいしいものがある。すごく、おもしろい。でも、ちょっと、くやしい。メーカーとして、世界のお母さんに負けてはいられない。その土地に行かなければ出会えない、暮らしの中に息づく伝統、素材への思い、インスピレーション。私たちのキッチンに持ち帰り、アイデアを考え、自分たちの手でひと手間かけて、まだ日本の人たちが知らないおいしさをつくる。それが私たちキリンビバレッジの新ブランド「世界のKitchenから」です。

ジンジャーは煮つめるとおいしくなる！

第二弾は、プロヴァンスのおいしい習慣にヒントがありました。

日本では、料理に使うジンジャー。ヨーロッパでは、お菓子作りによく使われています。私たちが訪れたプロヴァンスでは、それは温暖な気候から、果物や野菜が豊富にとれます。旬の時期に、それらを収穫し、砂糖で煮つめて、コンフィ（砂糖漬け）にしたり、コンフィチュール（ジャム）やシロップなどを作っておいしく保存する習慣が受け継がれているのです。家庭には専用の鍋や道具があり、お母さんの自慢のするレシピがありました。砂糖で煮つめておいしくするワザを教わって、私たちはひらめきました。「そうだ、ジンジャーもこうやって煮つめてみよう！」

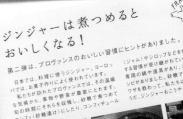 

世界の"お母さん"に負けられない。

旅に出て、思いがけないおいしさに出会ったことはありませんか。

私たちがインスピレーションを受けたのは、世界のお母さん。受け継がれてきた素材の滋味を引き出す知恵に、おいしさのヒントを見つけたのです。世界には、まだまだおいしいものがある。すごく、おもしろい。でも、ちょっと、くやしい。メーカーとして、世界の

お母さんに負けてはいられない。私たちのキッチンにヒントを持ち帰り、アイデアを考え、自分たちの手でひと手間かけて、まだ日本の人たちが知らないおいしさを作る。それが私たちキリンビバレッジの新ブランド「世界のKitchenから」です。

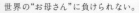

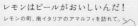

レモンはピールがおいしいんだ！

レモンの町、南イタリアのアマルフィを訪れて。

町には、お菓子や料理、看板にもレモンがあふれていました。「レモンはピール（皮）においしさがつまっているんだ」と気づかせてくれたのは、南イタリアの自家製のお酒リモンチェッロ。レシピを教わり、レモンピールを純度の高いアルコールに漬け込むことで、うまみが引き出されることを知りました。「そうか！レモンピールをはちみつに漬け込めば、まだ知らないおいしさが引き出せるかもしれない！」

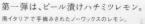

第一弾は、ピール漬けハチミツレモン。

南イタリアで手摘みされたノーワックスのレモン。

私たちが選んだ、皮が肉厚でお菓子にも使われるレモンを、ピール専用の工場で人の目で手で選別され日本に届けられます。そのピールを細かく刻み、はちみつに漬け込んで、ひと晩、ピールがつぶつぶ入って味と香りがじわじわしみ出した、世界のKitchenから第一弾！ほらがおいしい、ピール漬けハチミツレモンができました。第二弾、第三弾もただいま試作中、季節限定のもの、チルドなど、おいしさの新しいカタチをお届けしていきます。

商品案内ポスター、パッケージ、リーフレット
Product Promotion Poster, Packaging, Leaflet [Beverage Supplies]
キリンビバレッジ［飲料メーカー］ Kirin Beverage Company, Limited. CW: 坂東真弓 Mayumi Bando
CD: 宮田 識 Satoru Miyata AD, D: 福岡南央子 Naoko Fukuoka Producer: 樋野晶子 Akiko Hino
P: 高橋ヨーコ Yoko Takahashi / 和田 恵 Megumu Wada
DF: ドラフト DRAFT Co., Ltd. SB: ドラフト DRAFT Co., Ltd.

シーズンポスター　Seasonal Poster
ユナイテッドアローズ［アパレル］ UNITED ARROWS LTD. [Apparel]　AD: ナミエミツヲ（スカイビジュアルワークス）　Mitsuo Namie (sky visual works)
CD: 森 由美　Yumi Mori (Another Edition)　Stylist: Another Edition　Hairmake: IZUTSU (Coccina)
P: 端 裕人　Hiroto Hata (mili)　Stylist: Another Edition　
Production: インファス・パブリケーションズ　INFAS PUBLICATIONS, INC.
DF: スカイビジュアルワークス　sky visual works　SB: スカイビジュアルワークス　sky visual works

映画パンフレット　Movie Pamphlet
オフィス・シロウズ／ファントム・フィルム［映画製作・配給・宣伝］
OFFICE SHIROUS / Phantom Film Co., LTD. [Film Production, Distribution, Publicity]
AD, D: 岩波眞里　Mari Iwanami　P: 鈴木さゆり　Sayuri Suzuki
I: 河村ふうこ　Fuko Kawamura　DF: ゼノン　xenön　SB: ゼノン　xenön

そんな思いから、「呼吸」をテーマに制作した
mishimの物作りは始まりました。
素材となるのは木や鉄、土、植物。
すべて時と共にゆっくりと呼吸し、変化してゆくものです。
それらと向き合い、手間と時間をかけて丁寧に作りました。
そうして出来上った物に、暮らしの温もりや匂いがついてゆくことで、
本物の魅力のある特別な物になっていく。

そこに素敵な物語がうまれる事を心から願っています。

www.mishim.com
furniture / ceramic / fabric

furniture
ceramic
fabric

http://www.mishim.com

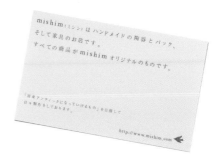

ショップカタログ、ショップカード Shop Catalog, Shop Card
ミシン［ネットショップ］ mishim ［Internet Shop］
AD, D: ララスー・プーポ・ラボ Lallasoo Poopo Lab. P: 豊泉富士美 Fujimi Toyoizumi
SB: ララスー・プーポ・ラボ Lallasoo Poopo Lab.

いい泡があれば、
お風呂は、
エステになるね。

お風呂で、泡脱毛。
一日の疲れとムダ毛が
いっきに抜けます。

商品案内ポスター　Product Promotion Poster
松下電器産業 [総合エレクトロニクスメーカー]　Matsushita Electric Industrial Co.,Ltd. [Electronics Manufacturer]
CD: 横山悟　Satoru Yokoyama　AD: 高須泰行　Hiroyuki Takasu　/　鳥山亜弓　Ayumi Toriyama　/
　/ 多田伸一　Shinichi Tada　AD: 高須泰行　Hiroyuki Takasu　/　木村洋　Yo Kimura
鬼塚奉宏　Tomohiro Onizuka　/　太田京子　Kyoko Ota　D: 干場邦一　Kunikazu Hoshiba　Printing Director: 在本剛　Takeshi Arimoto
CW: 伊藤久之　Hisayuki Ito　/　脇くみこ　Kumiko Waki　I: 魚喃キリコ　Kiriko Nananan　/　カタチ　Katachi Co.,Ltd.
DF: 電通関西支社TOKYOROOM別館　DENTSU INC. KANSAI TOKYO ROOM ANNEX　/　カタチ　Katachi Co.,Ltd.
SB: カタチ　Katachi Co., Ltd.

ブランドポスター　Branding Poster
テイクアンドギブ・ニーズ [結婚式]　Take and Give Needs Co.,Ltd. [Wedding]
CD, CW: 武藤雄一　Yuichi Muto　AD, D: 安田由美子　Yumiko Yasuda　P: 山本光男　Mitsuo Yamamoto
Artwork: 藤岡香織　Kaori Fujioka　DF: アイルクリエイティブ　ayrcreative
SB: アイルクリエイティブ　ayrcreative

ブランドポスター　Branding Poster
全日本空輸[航空・交通] All Nippon Airways [Air Transportation]
CD: 宗形英作　Eisaku Munakata
AD: 永井大介　Daisuke Nagai　D: 小川 真　Makoto Ogawa
CW: 田中竜太　Ryuta Tanaka　P: 橋本昌幸　Masayuki Hashimoto
SB: 博報堂　HAKUHODO INC.

ブランドポスター　Branding Poster
リクルート[情報メディアビジネス]　RECRUIT CO., LTD. [Information Media Business]
CD, CW: 鈴木猛之　Takeshi Suzuki　AD: 永田武史　Takeshi Nagata
D: 鹿島絵美　Emi Kashima　P: 中島宏樹　Hiroki Nakashima
SB: パラドックスクリエイティブ　PARADOX CREATIVE INC.

シーズンポスター　Seasonal Poster
パルコ［ファッションデパート運営］PARCO Co., Ltd.［Fashion Department Store Administration］
AD: 越尾真介　Shinsuke Koshio　D: 清水ミキ　Miki Shimizu　P: 山本光男　Mitsuo Yamamoto（Super Continental）
Stylist: 伊賀大介　Daisuke Iga（kiki）　Make up: Mariko Shimada　Hair Styling: ABE（FEMME）
DF: SUNDAY VISION　SUNDAY VISION inc.　SB: SUNDAY VISION　SUNDAY VISION inc.

会報誌　Letterzine
ティープロダクツ［プロダクション］T-PRODUCTS CO., LTD.［Production］
AD: 浜田武士　Takeshi Hamada　SB: 浜田武士　Takeshi Hamada

CD
アールレコーズ［音楽出版］ aar records［Music Publishing］
AD, D: カイシトモヤ　Tomoya Kaishi　DF: ルームコンポジット　room-composite
SB: ルームコンポジット　room-composite

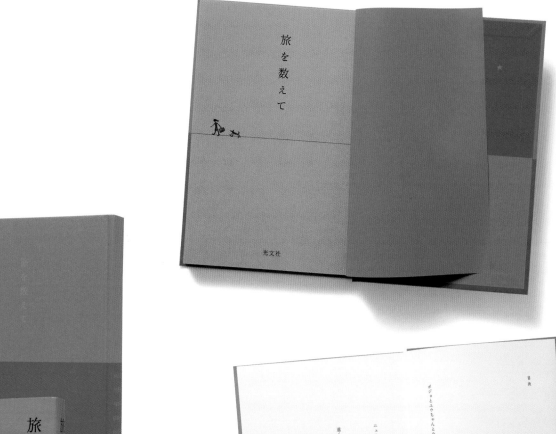

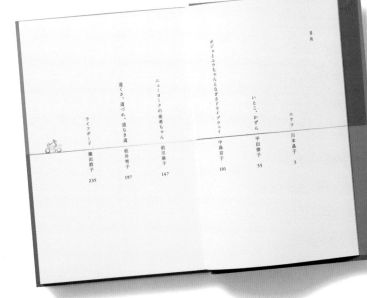

書籍　Book
光文社［出版］KOBUNSHA Co., Ltd.［Publishing］
AD, D: 福岡南央子　Naoko Fukuoka　Producer: 横山浩子　Hiroko Yokoyama
DF: ドラフト　DRAFT Co., Ltd.　SB: ドラフト　DRAFT Co., Ltd.

書籍　Book
小学館［出版］Shogakukan Inc.　[Publishing]
AD, D: 名久井直子　Naoko Nakui　I: 大竹伸朗　Shinro Ohtake
Author: 穂村 弘　Hiroshi Homura　SB: 名久井直子　Naoko Nakui

書籍　Book
ポプラ社［出版］POPLAR Publishing Co., Ltd. [Publishing]
AD, D, I: 名久井直子　Naoko Nakui　Author: 小手鞠るい　Rui Kodemari
Editing: 牧野出版　Makino Publishing Co., Ltd.
SB: 名久井直子　Naoko Nakui

書籍　Book
牧野出版［出版］Makino Publishing Co., Ltd. [Publishing]
AD, D, I: 名久井直子　Naoko Nakui
Author: おおたうに　Uni Ota　SB: 名久井直子　Naoko Nakui

エレベーター
ガールズ

エレベーターガールの

パンツに褒めている

エレベーターの腕に憑れて

エレベーターガールのスカートめくったら

パンツに書かれている「6号機」

わたくしはエレベーターの「舌」です。

と囁く夜のエレベーターガール

短歌：穂村 弘

絵：小林直未

Chatterbox │ vol.2

Art Direction：BUFFALO.GYM（永松大剛 ＋ 平木千草）

雑誌エディトリアル　Magazine Editorial
集英社[出版] SHUEISHA Inc.［Publishing］
AD, D: 永松大剛　Daigo Nagamatsu　I: 小林直未　Naomi Kobayashi
DF: バッファロー・ジム　BAFFALO.GYM　SB: バッファロー・ジム　BUFFALO.GYM
「小説すばる」2006年3月号

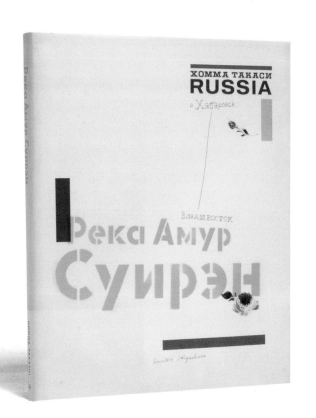

書籍　Book
プチグラパブリッシング[出版] Petit Grand Publishing, Inc.［Publishing］
AD: 森本千絵　Chie Morimoto　P: ホンマタカシ　Takashi Honma
D: buffalo-D

書籍　Book
マガジンファイブ［出版］　MAGAZINE FIVE Inc.［Publishing］
AD, D: 阿部一秀　Kazuhide Abe　Author: 下平晃道　Akinori Shimodaira
SB: 阿部一秀　Kazuhide Abe

書籍　Book
幻冬舎［出版］　GENTOSHA INC.［Publishing］
CD, AD, D, I: 板倉敬子　Keiko Itakura
DF: イッカクイッカ　IKKAKUIKKA Co., Ltd.
SB: イッカクイッカ　IKKAKUIKKA Co., Ltd.

書籍　Book
SHIMA［美容院］　SHIMA［Hair Salon］
AD, D, DF: ストア・インク　Store inc.
SB: ストア・インク　Store inc.

CD
Aer-born / アミューズ［音楽］
Aer-born / AMUSE INC.［Music］
AD, D: 阿部一秀　Kazuhide Abe　P: ヒジカ　HIJIKA
Stylist: 木村厚志　Atsushi Kimura
Hairmake: 塩沢延之　Nobuyuki Shiozawa
Artist: Bahashishi　SB: 阿部一秀　Kazuhide Abe

CD
バッドニュースレコーズ［レコード会社］
Bad News Records［Record Company］
AD, D: サイン　sign
Artwork: MUSUBI　P: TAKAMURADAISUKE
SB: サイン　sign

入社案内ブック　Company Pamphlet
博報堂［広告代理店］HAKUHODO INC. [Advertising Agency]
AD: 土家啓延　Hironobu Tsuchiya　D: 高杉奈津美　Natsumi Takasugi / 藤本 彩　Aya Fujimoto
CW: 尾形真理子　Mariko Ogata　P: 青野千紘　Chihiro Aono
DF: ネスト　Nes T.O.　SB: 博報堂　HAKUHODO INC.

Seasonal Catalog

シーズンカタログ Seasonal Catalog
リーバイ・ストラウス ジャパン［アパレル］
Levi Strauss Japan K.K. [Apparel]
AD, D: 阿部一秀　Kazuhide Abe
SB: 阿部一秀　Kazuhide Abe
LEVI'S® LADY STYLE

Invitation Card

Cute & Lovely
キュート & ラブリー

lovable / school girls / active / charming
positive / bad-looking but cute / hip / day-time / blue-sky

子どもカワイイ / 女子高生 / 元気 / 愛らしい / ポジティブ

キッチュ / 今っぽい / 昼 / 青空

シーズンポスター　Seasonal Poster
ワールド[アパレル]　WORLD INC.［Apparel］
CD: 細野ひで晃　Hideaki Hosono　AD: 加藤建吾　Kengo Kato　D: 草野 剛　Tsuyoshi Kusano／宮崎貴年　Takatoshi Miyazaki／
前沢暢之　Nobuyuki Maezawa／内山知佳　Chika Uchiyama　P: 辻 佐織　Saori Tsuji　Producer: 小澤祐治　Yuji Ozawa　ヌーヴェルヴァーグ　NOUVELLE VAGUE
Art: 柳沢 翔　Shou Yanagisawa／楠 嘉章　Yoshiaki Kusunoki／毛利太祐　Daisuke Mouri　Flower Coodinator: 森本クリスティーナ　Christina Morimoto
Hairmake: 稲葉 功次郎　Koujirou Inaba　Coordinator: チャンネル5　CHANNEL5　Model: 森本クリスティーナ　Christina Morimoto
Retoucher: 大滝 功一郎　Kouichirou Ootaki　DF: タグボート2　TUGBOAT2　SB: タグボート2　TUGBOAT2

シーズンポスター　Seasonal Poster
ワールド［アパレル］　WORLD INC. [Apparel]
CD: 細野ひで晃　Hideaki Hosono　AD: 加藤建吾　Kengo Kato　D: 草野 剛　Tsuyoshi Kusano /
宮崎貴年　Takatoshi Miyazaki / 新井 崇　Takashi Arai / 前沢暢之　Nobuyuki Maezawa / 内山知佳　Chika Uchiyama　稲葉 功次郎　Koujirou Inaba
P: 辻 佐織　Saori Tsuji　Producer: 小澤祐治　Yuji Ozawa　Art: ヌーヴェルヴァーグ　NOUVELLE VAGUE　Hairmake: 大滝 功一郎　Kouichirou Ootaki
Coordinator: チャンネル5　CHANNEL 5　Model: 森本クリスティーナ　Christina Morimoto　Retoucher: 大滝 功一郎　Kouichirou Ootaki
DF: タグボート2　TUGBOAT 2　SB: タグボート2　TUGBOAT2

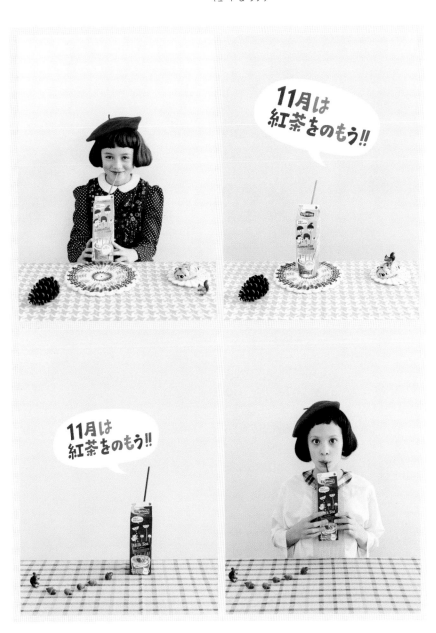

ブランドポスター　Branding Poster
森永乳業［食料品製造・販売］Morinaga Milk Industry Co.,Ltd.［Foodstuff Manufacture and Sales］
CD, CW: 吉岡虎太郎　Kotaro Yoshioka　AD, D: 細川 剛　Go Hosokawa
P: 木寺紀雄　Norio Kidera　I: 100%ORANGE　Hairmake: ナライユミ　Yumi Narai
Stylist: 五十嵐尊代　Takayo Igarashi　Model: 琉花　Ruka (étrenne) / 貴未　Kimi (étrenne)
SB: 博報堂　HAKUHODO INC.

カレンダー　Calender
プルデンシャル生命保険［生命保険］Prudential Financial ［Insurance Agent］
CD, CW: 鈴木猛之　Takeshi Suzuki　AD: 永井武史　Takeshi Nagai
D: 紫牟田興輔　Kosuke Shimuta / 坂本尚美　Naomi Sakamoto / 羽根千尋　Chihiro Hane
P: 佐藤 聡　Satoshi Sato　DF: E.
SB: パラドックスクリエイティブ　PARADOX CREATIVE INC.

商品案内ポスター　　Product Promotion Poster
サントリー[飲料品の製造・販売]　SUNTORY LIMITED. [Beverage Produciton and Sales]　AD, D: えぐちりか　Rika Eguchi
CD: 木下一郎　Ichiro Kinoshita / 澤本嘉光　Yoshimitsu Sawamoto　D: 野村沙都子　Satoko Nomura
CW: 福田宏幸　Hiroyuki Fukuda / 佐田実史　Satoshi Sada
P: ホンマタカシ（パンダ）　Takashi Honma (Panda) / 二瓶宗樹（商品カット）　Muneki Nihei (Still)
SB: 電通　DENTSU Inc.

イベント告知ポスター　Event Announcement Poster
ラフォーレ原宿[商業施設]　LAFORET HARAJUKU Co., Ltd. [Commercial Facility]
CD, AD: 佐野研二郎　Kenjiro Sano　　　長嶋りかこ　Rikako Nagashima / 鈴木亜希子　Akiko Suzuki
D: 岡本和樹　Kazuki Okamoto
P: 山本光男　Mitsuo Yamamoto　Film Director: 田中秀幸　Hideyuki Tanaka
PR: 保坂暁　Akira Hosaka　SB: 博報堂　HAKUHODO INC.

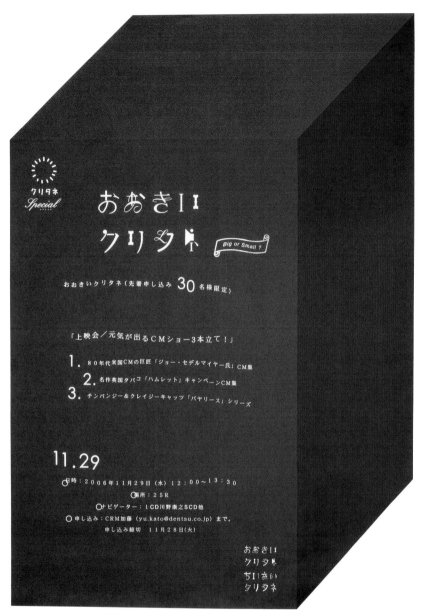

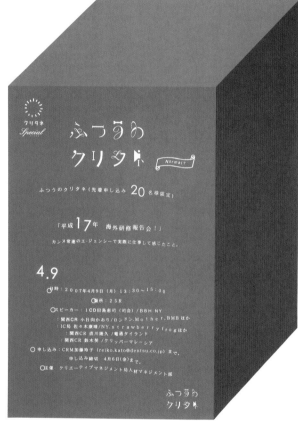

社内広告ポスター　Company Event Advertisement Poster
電通［広告代理店］DENTSU Inc.［Advertising Agency］
AD, D, I: えぐちりか　Rika Eguchi / 小島義広　Yoshihiro Kojima
SB: 電通　DENTSU Inc.

イベント告知ポスター　Event Annoucement Poster
エリートジャパン[モデルエージェンシー]　elite Japan Inc. [Model Agency]
CD: 蛍光 TOKYO　KEI-KO TOKYO　AD: DESIGN BOY
DF: DESIGN BOY Inc.　SB: DESIGN BOY Inc.

名刺　Business Card
本田エリ[スタイリスト]　Eri Honda [Stylist]
AD, D: 荻田 純　Jun Ogita　DF: サファリ　SAFARI INC.
SB: サファリ　SAFARI INC.

年賀状　New Year's Card
オノユースケ［個人］　YUSUKE ONO ［Private］
AD, D: 小野勇介　Yusuke Ono
Printing Director: 鈴木登　Noboru Suzuki
SB: 博報堂　HAKUHODO INC.

パンフレット　Pamphlet
朝日新聞社［新聞社］　The Asahi Shimbun Company ［Newspaper］
CD: 大迫吉徳　Yoshinori Osako　AD: 小林洋介　Yosuke Kobayashi
D: 五十嵐明奈　Haruna Igarashi / 宮川宏　Hiroshi Miyakawa
I: 赤津美和子　Miwako Akatsu　DF: イー E. Co., Ltd.　SB: イー E. Co., Ltd.

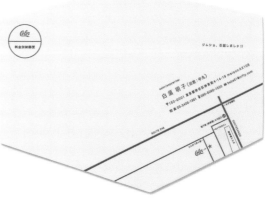

DM
エヌ・オー・エル［デザインユニット］ n.o.l.［Design Unit］
CD, AD, D: 白須慎之 Noriyuki Shirasu
DF: シラスデザイン sirasudesign　　SB: シラスデザイン sirasudesign

商品案内ポスター、しおり、リーフレット
Product Promotion Poster, Bookmark, Leaflet
集英社 [出版] SHUEISHA Inc. [Publishing]
CD, CW: 高崎卓馬 Takuma Takasaki　AD: 居山浩二 Koji Iyama　D: 赤土佳子 Yoshiko Akado / 新井かおる Kaoru Arai
P: 鳥巣佑有子 Yuko Torisu　Hairmake: 赤松絵利 Eri Akamatsu (esper.)　Stylist: 白山春久 Haruhisa Shirayama
I: 山田詩子 Utako Yamada　DF: イヤマデザイン iyamadesign　SB: イヤマデザイン iyamadesign

商品案内ポスター　Product Promotion Poster
内外薬品 [製薬] NAIGAIYAKUHIN [Pharmaceuticals]
CD, CW: 高橋修宏 Nobuhiro Takahashi
AD: 宮田裕美詠 Yumiyo Miyata　Production: クロス CROSS
DF: ストライド STRIDE　SB: 宮田裕美詠 Yumiyo Miyata

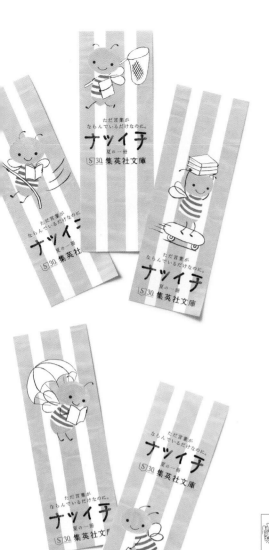

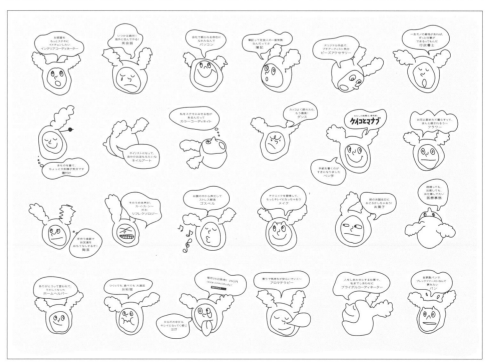

ブランドポスター　Branding Poster
リクルート［情報メディアサービス］
RECRUIT CO., LTD. [Information Media Business]
CD, AD: 青木克憲　Katusnori Aoki
D, I: 高桑佳奈　Kana Takakuwa　CW: chiaki
DF: バタフライ・ストローク　butterfly stroke inc.
SB: バタフライ・ストローク　butterfly stroke inc.

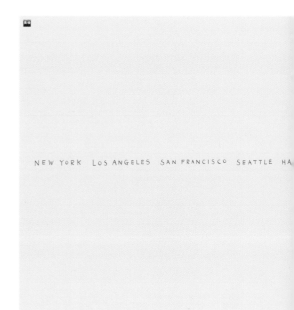

ブランドポスター、グッズ　Branding Poster, Goods
フォークトーク［コンビニエンスストア］　Fork Talk［Convenience Store］
AD: 杉山ユキ　Yuki Sugiyama　CD: 土井隆史　Takashi Doi
D: 綾部智子　Tomoko Ayabe ／ 河野 愛　Ai Kono ／ 杵渕礼子　Reiko Kinebuchi
CW: 佐藤恵子　Keiko Sato　I: 藤本 将　Susumu Fujimoto
SB: 博報堂　HAKUHODO INC.

ブランドポスター　Branding Poster
日本英語検定協会［検定試験］
The Society for Testing English Proficiency［Certification and Liscensing］
CD, CW: 菅野英介　Eisuke Kanno　AD, D: 小林洋介　Yosuke Kobayashi
Typographie: 板倉 梓　Azusa Itakura　DF: イー　E.Co., Ltd.
SB: イー　E. Co., Ltd.

販促ツール　Sales Tools
KDDI［通信］　KDDI Corporation［Communications］
CD: 日髙英輝　Eiki Hidaka　CW: 小川英紀　Hidenori Ogawa
AD, D: 白須慎之　Noriyuki Shirasu　gritzdesign　gritzdesign
DF: グリッツデザイン　gritzdesign　SB: グリッツデザイン

イベント告知ポスター　　Event Announcement Poster
ビクターエンタテインメント［レコード制作］
Victor Entertainment, Inc. [Record Production]
CD: 鈴木栄子　Eiko Suzuki　AD, I: 佐野研二郎　Kenjiro Sano
D: 岡本和樹　Kazuki Okamoto　SB: 博報堂　HAKUHODO INC.

ノベルティ、マネーカード　　Novelty, Money Card
イオン［総合小売業］　AEON Co., Ltd. [Retail]
CD: 佐々木宏　Hiroshi Sasaki　AD: 田中竜介　Ryusuke Tanaka
D: 山崎正樹　Masaki Yamazaki ／ 福沢卓馬　Takuma Fukuzawa
I: 田中竜介（犬）　Ryusuke Tanaka (dog) ／ 野田 愛（タンブラー）　Ai Noda (Tumbler)
DF: シンガタ　Shingata Inc. ／ ドラフト　DRAFT Co., Ltd.　SB: ドラフト　DRAFT Co ., Ltd.

ブランドポスター　Branding Poster
KDDI［通信］KDDI Corporation ［Communications］
CD, AD, I: 佐野研二郎　Kenjiro Sano　CW, Naming: 嵐田 光　Hikari Arashida
D: 榮 良太　Ryota Sakae / 服部公太郎　Kotaro Hattori /
原野賢太郎　Kentaro Harano　SB: 博報堂　HAKUHODO INC.

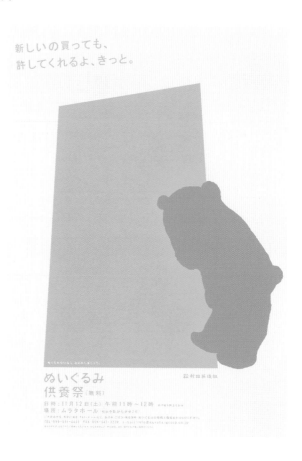

イベント告知ポスター　Event Announcement Poster
村田葬儀社［葬儀社］MURATA FUNERAL DIRECTOR CO., LTD.［Funeral Services］
AD, I: 鍵矢康紀　Yasunori Kagiya　D: 亀井紀亜　Norie Kamei　CW: 坂東英樹　Hideki Bandou
SB: 電通西日本, 松山支社　DENTSU WEST JAPAN INC. Matsuyama

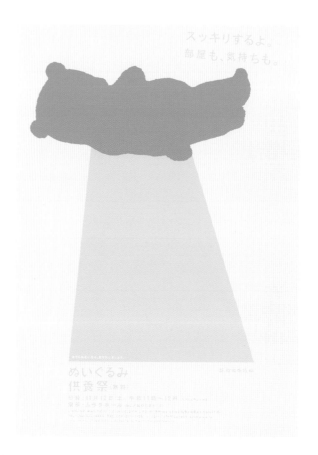

イベント告知ポスター　Event Announcement Poster
玄光社 [出版]　GENKOSHA Co. [Publishing]
D: 石井佳奈　Kana Ishii / 石田百合絵　Yurie Ishida
I: 田村ゆう子　Yuko Tamura　DF: ミーアンドミラコ　ME & MIRACO
SB: ミーアンドミラコ　ME & MIRACO CO., Ltd.

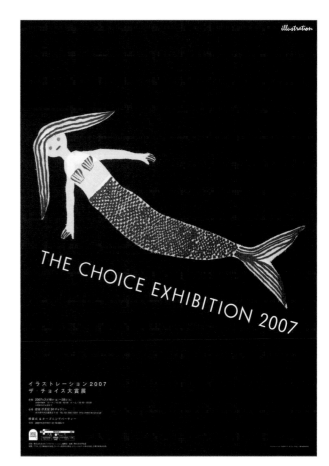

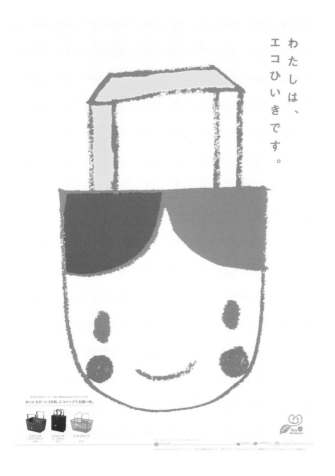

わたしは、エコひいきです。

ブランドポスター　Branding Poster
アルビス[スーパーマーケット]　ALBIS [Supermarket]
AD, D: 宮田裕美詠　Yumiyo Miyata　CW: タダカツ　TADAKATSU
Producer: 中林寛　Hiroshi Nakabayashi　Agency: 大広北陸　Hokuriku Daiko
DF: ストライド　STRIDE　SB: 宮田裕美詠　Yumiyo Miyata

ブランドポスター　Branding Poster
マーメイドベーカリーパートナーズ[食品製造・販売]
Mermaid Bakery Partners Co., Ltd. [Foodstuff Manufacture and Sales]
CD: 谷一千裕　Chihiro Taniichi　AD: 今井クミ　Kumi Imai
D: 川崎亜矢子　Ayako Kawasaki　I: 北村ケンジ　Kenji Kitamura
DF: アピスラボラトリー　Apis Laboratory Inc.
SB: アピスラボラトリー　Apis Laboratory Inc.

「おはよう」って気持ちいいね。
「おいしい」ってうれしいね。

My name is Parco.
I think good life
needs good food.
PARCO-
RESTAURANT

My name is Parco.
I want to go
shopping every day.
PEC CARD

My name is Parco.
How about my new
one-piece dress?
PARCO-
NEW ARRIVAL

My name is Parco.
I'm waiting for spring.

My name is Parco.
This is my new room.
PARCO-NEW DAYS

My name is Parco.
I can swim very well.
PARCO-
SWIMWEAR

My name is Parco.
These are my favorite
shoes.
PARCO-SHOES

My name is Parco.
Playing is my work.
PARCO-KIDS

ブランドポスター　Branding Poster
パルコ[ファッションデパート運営]
PARCO Co., Ltd. [Fashion Department Store Administration]
CD: 笠井一男　Kazuo Kasai　AD: 佐野研二郎　Kenjiro Sano
CW: 曽原 剛　Go Sohara　D: 武田利一　Toshikazu Takeda
I: 100%ORANGE　P: 森本徹也　Tetsuya Morimoto
SB: 博報堂　HAKUHODO INC.

シーズンポスター　Seasonal Poster
ラフォーレ原宿 [商業施設]　LAFORET HARAJUKU Co., Ltd. [Commercial Facility]
CD: 青木むすび　Musubi Aoki
AD: 土家啓延　Hironobu Tsuchiya　P: 青野千紘　Chihiro Aono
Retoucher: 宮本准　Hitoshi Miyamoto
SB: 博報堂　HAKUHODO INC.

お菓子を仕事にできる幸福

お菓子を仕事にできる幸福

社内用ブランドブック　Company Brand Book
東ハト［菓子製造・販売］
Tohato Inc. [Confectionaries Manufacture / Sales]
CD: 北風勝　Masaru Kitakaze　AD: 手島領　Ryo Teshima
D: 関谷奈々　Nana Sekiya / 大城亮太　Ryota Oshiro
CW: 斉藤賢司　Kenji Saito　DF: アドソルト　ad.salt inc.
SB: DESIGN BOY Inc.

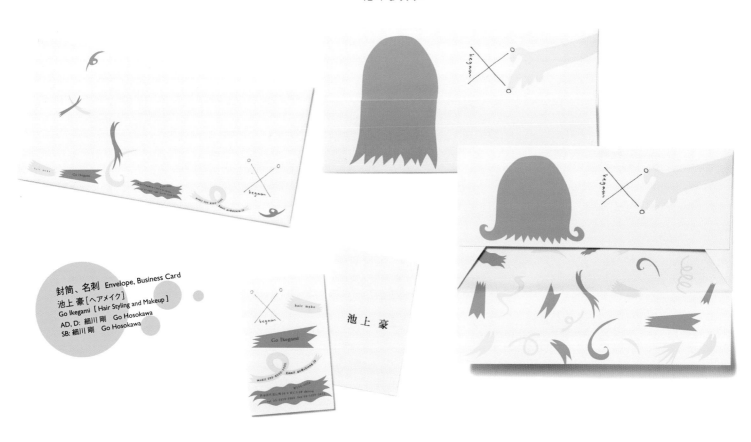

封筒、名刺 Envelope, Business Card
池上 豪［ヘアメイク］
Go Ikegami ［ Hair Styling and Makeup ］
AD, D: 細川 剛 Go Hosokawa
SB: 細川 剛 Go Hosokawa

名刺 Business Card
ナライユミ［ヘアメイク］ Yumi Narai ［ Hair Styling and Makeup ］
AD, D: 細川 剛 Go Hosokawa
SB: 細川 剛 Go Hosokawa

名刺、カード Business Card, Card
百々奈津美［スタイリスト］ Natsumi Dodo ［ Stylist ］
AD, D: 細川 剛 Go Hosokawa
SB: 細川 剛 Go Hosokawa

ブランドポスター　Branding Poster
東ハト［菓子製造・販売］ Tohato Inc. ［Confectionaries Manufacture / Sales］　D: 佐藤るつこ　Rutsuko Sato
AD: 杉山ユキ　Yuki Sugiyama　CD: 北風勝　Masaru Kitakaze
CW: 斉藤賢司　Kenji Saito　P: 白井 綾　Aya Shirai　DF: シロップ　Syrup
SB: 博報堂　HAKUHODO INC.

(removing scratch)

展示会広告ポスター　Art Exhibition Announcement Poster
フランフラン［インテリア］　Franc Franc [Home Furnishings]
AD: 佐野研二郎　Kenjiro Sano
D: 岡本和樹　Kazuki Okamoto / 小杉幸一　Koichi Kosugi
Supporter: 木寺力　Tsutomu Kidera
SB: 博報堂　HAKUHODO INC.

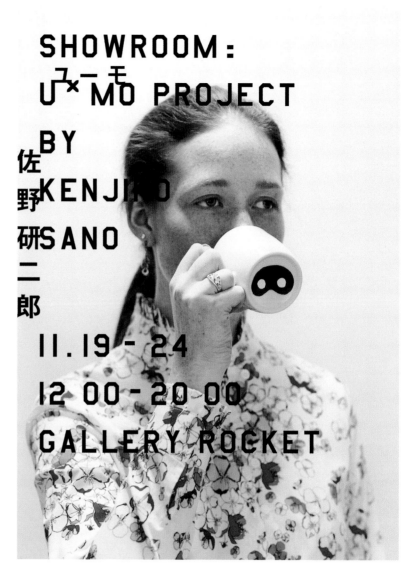

SHOWROOM:
ユーモ
U×MO PROJECT
BY
佐
野 KENJIRO
研 SANO
二
郎
11.19 - 24
12 00 - 20 00
GALLERY ROCKET

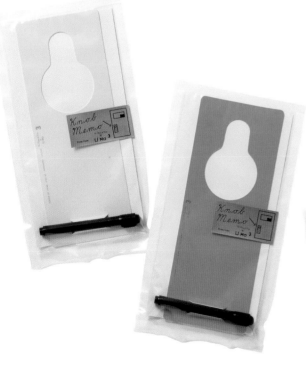

ノブメモ　Knob Memo
フランフラン［インテリア］　Franc Franc [Home Furnishings]
AD. D: 佐野研二郎　Kenjiro Sano
CD: 原田麻子　Asako Harada
D: 小杉幸一　Koichi Kosugi
SB: 博報堂　HAKUHODO INC.

シーズンポスター、シーズンDM Seasonal Poster, Seasonal DM
サンエー・エム・キュー［アパレル］ SANEI・M・Q. Co., Ltd. ［Apparel］
CD: 野田 凪 Nagi Noda AD, D: 阿部一秀 Kazuhide Abe
DF: 宇宙カントリー Uchu Country SB: 阿部一秀 Kazuhide Abe

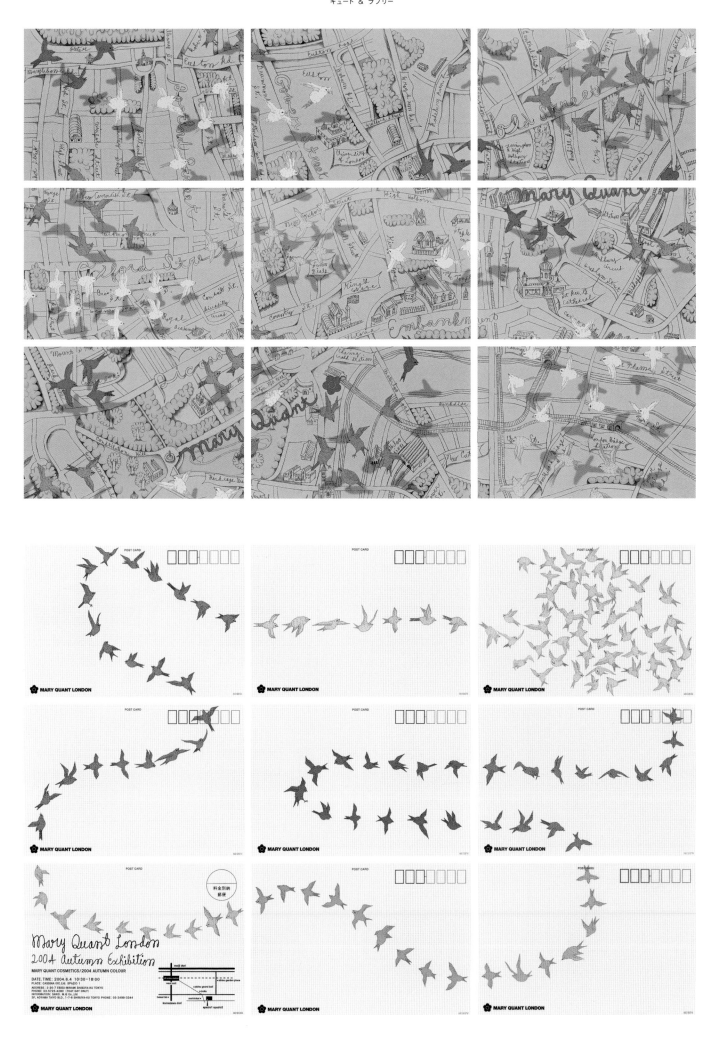

シーズンカタログ　Seasonal Catalog
荻原［アパレル］　Ogiwara Co., Ltd. ［Apparel］
AD, D: 名久井直子　Naoko Nakui
P: 木寺紀雄　Norio Kidera　I: コイヌマユキ　Yuki Koinuma
SB: 名久井直子　Naoko Nakui

シーズンカタログ　Seasonal Catalog
荻原［アパレル］Ogiwara Co., Ltd. [Apparel]
AD, D: 名久井直子　Naoko Nakui
P: 木寺紀雄　Norio Kidera
SB: 名久井直子　Naoko Nakui

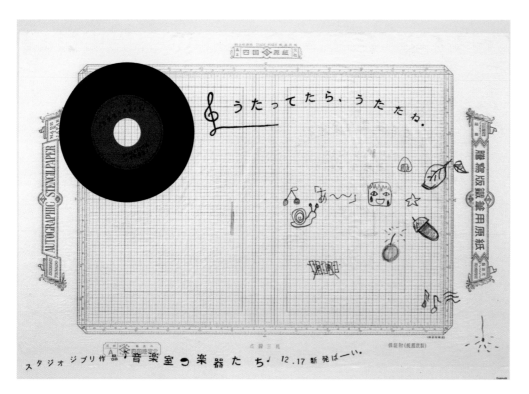

商品案内ポスター　Product Promotion Poster
ドリーミュージック［音楽］　Dreamusic Inc.［Music］
CD, CW: 武藤雄一　Yuichi Muto　AD, D: 安田由美子　Yumiko Yasuda
P: 熊谷 順　Jun Kumagai　DF: アイルクリエイティブ　ayrcreative
SB: アイルクリエイティブ　ayrcreative

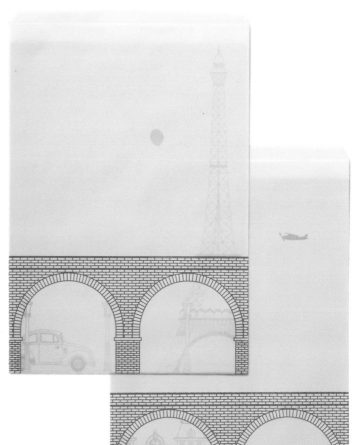

ステーショナリー　Stationary
デザインサービス［デザイン事務所］
design service co.,ltd.［Design Office］
AD: 池田享史　Takafumi Ikeda　D: 高尾元樹　Motoki Takao
I: 鈴木規子　Noriko Suzuki　Printing: GRAPH
SB: デザインサービス　design service co., ltd.

ステーショナリー Stationary
ミーアンドミラコ［デザイン事務所］ ME& MIRACO［Design Office］ DF: ミーアンドミラコ　ME & MIRACO
D: 石井佳奈　Kana Ishii / 石田百合絵　Yurie Ishida
SB: ミーアンドミラコ　ME & MIRACO CO., Ltd.

商品案内リーフレット、カタログ
Product Promotion Leaflet, Catalog
ティンカーベル［子供服］ TINKERBELL［Children's Wear］
D: 石井佳奈　Kana Ishii / 石田百合絵　Yurie Ishida　I: 網中いづる　Izuru Aminaka
P: 森 秀一　Shuichi Mori　DF: ミーアンドミラコ　ME & MIRACO
SB: ミーアンドミラコ　ME & MIRACO CO., Ltd.

FOTO

賛助出品　委嘱出品

賛助出品	委嘱出品					
	日本画	洋画	彫刻	工芸	書	写真

観覧時間：午前10時～午後6時（金、土は午後8時まで）
休館日：月曜日、※7月18日（祝）は開館いたします
観覧料：一般500円（400円）　高校生以下、身障者の方は無料
（　）内は前売料金、20名以上の団体料金、65歳以上の方の料金

担当学芸員によるギャラリートーク
期日：7月9日（土）、23日（土）午後2時、3時　要観覧料
会場：となみ野美術展2005　1階展示会場

日本画 洋画 彫刻 工芸 書 写真
砺波地方在住の美術作家による総合美術展
2005 7/2 sat.－**7/31** sun.
会場 砺波市美術館 全館

THE ART EXHIBITION OF TONAMINO 2005

となみ野美術展
二〇〇五

TONAMI ART MUSEUM
砺波市美術館

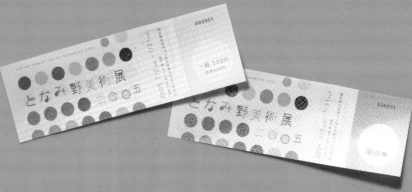

展示会広告ポスター、チケット
Art Exhibition Announcement Poster, Ticket
砺波市美術館［美術館］
Tonami Art Museum [Art Museum]
AD, D: 宮田裕美詠　Yumiyo Miyata　DF: ストライド　STRIDE
SB: 宮田裕美詠　Yumiyo Miyata

展示会広告ポスター　Art Exhibition Announcement Poster
富山アートディレクターズクラブ［デザイナー協会］
TOYAMA ART DIRECTORS CLUB ［Designers Organization］
AD, D: 宮田裕美詠　Yumiyo Miyata　DF: ストライド　STRIDE
SB: 宮田裕美詠　Yumiyo Miyata

展示会広告ポスター　Art Exhibition Announcement Poster
富山商工会議所「ポスターの街・とやま」実行委員会［キャンペーン実行委員会］
Toyama Chamber of Commerce and Industry "Toyama : city of posters" organizing committee
［ Campaign Executive Committe ］
AD, D: 宮田裕美詠　Yumiyo Miyata　DF: ストライド　STRIDE
SB: 宮田裕美詠　Yumiyo Miyata

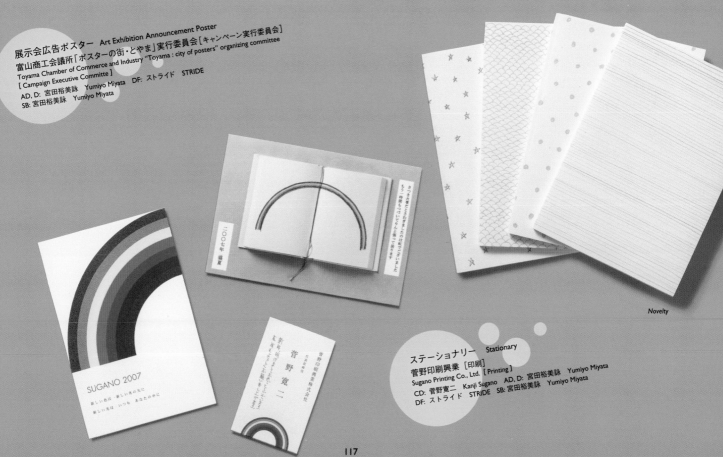

Novelty

ステーショナリー　Stationary
菅野印刷興業［印刷］
Sugano Printing Co., Ltd. ［Printing］
CD: 菅野寛二　Kanji Sugano　AD, D: 宮田裕美詠　Yumiyo Miyata
DF: ストライド　STRIDE　SB: 宮田裕美詠　Yumiyo Miyata

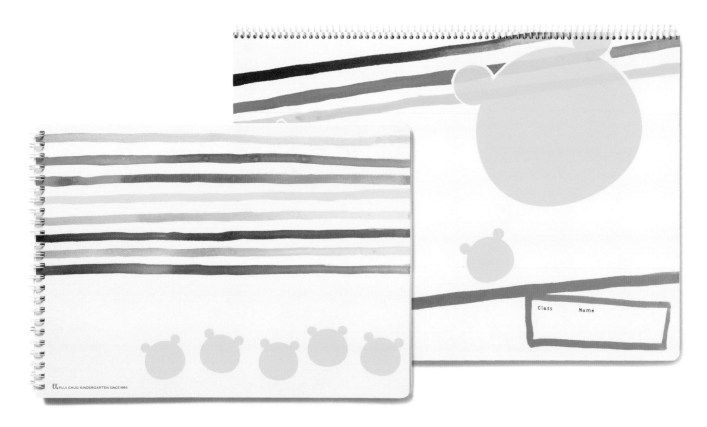

ステーショナリー　Stationary
富士中央幼稚園［幼稚園］
Fuji Chuo Kindergarten [Kindergarten]
AD, D: 柿木原政広　Masahiro Kakinokihara
I: 大塚いちお　Ichio Otsuka　SB: 10

招待状　Invitation Card
大塚いちお［個人］　Ichio Otsuka [Private]
AD, D: 柿木原政広　Masahiro Kakinokihara
I: 大塚いちお　Ichio Otsuka　SB: 10

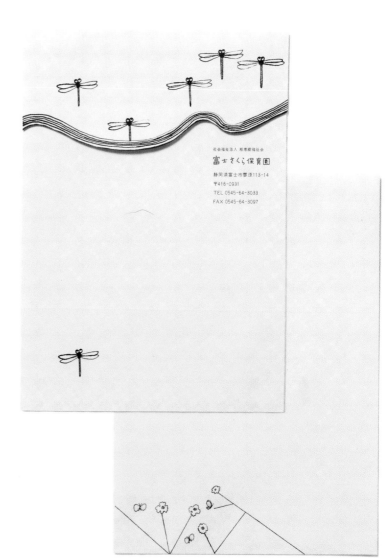

ステーショナリー Stationary
富士さくら保育園 [保育園]
Fuji Sakura Day Care Center [Day Care Center]
AD, D: 柿木原政広　Masahiro Kakinokihara
I: 大塚いちお　Ichio Otsuka　SB: 10

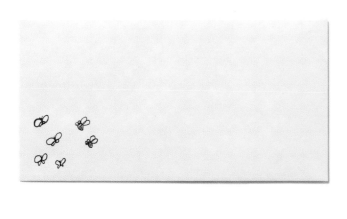

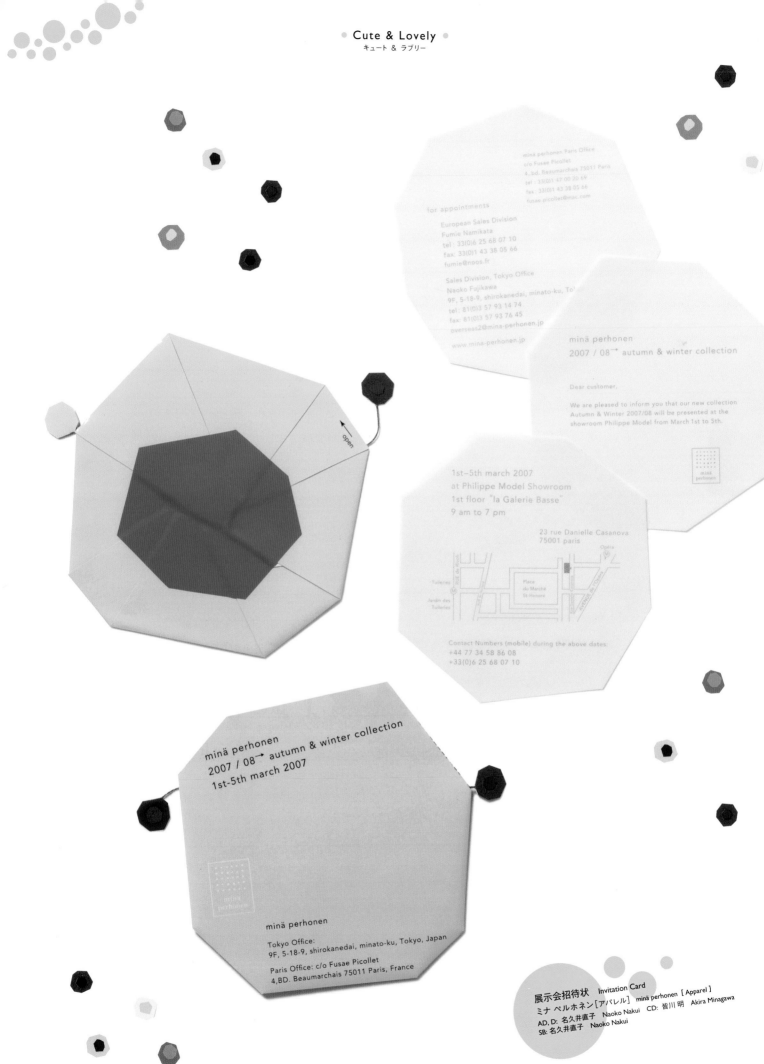

mina perhonen Paris Office
c/o Fusae Picollet
4, bd. Beaumarchais 75011 Paris
tel : 33(0)1 47 00 20 69
fax: 33(0)1 43 38 05 66
fusae.picollet@mac.com

for appointments

European Sales Division
Fumie Namikata
tel : 33(0)6 25 68 07 10
fax: 33(0)1 43 38 05 66
fumie@noos.fr

Sales Division, Tokyo Office
Naoko Fujikawa
9F, 5-18-9, shirokanedai, minato-ku, Tok...
tel : 81(0)3 57 93 14 74
fax: 81(0)3 57 93 76 45
overseas2@mina-perhonen.jp

www.mina-perhonen.jp

minä perhonen
2007 / 08→ autumn & winter collection

Dear customer,

We are pleased to inform you that our new collection
Autumn & Winter 2007/08 will be presented at the
showroom Philippe Model from March 1st to 5th.

1st-5th march 2007
at Philippe Model Showroom
1st floor "la Galerie Basse"
9 am to 7 pm

23 rue Danielle Casanova
75001 paris

Contact Numbers (mobile) during the above dates:
+44 77 34 58 86 08
+33(0)6 25 68 07 10

minä perhonen
2007 / 08→ autumn & winter collection
1st-5th march 2007

minä perhonen

Tokyo Office:
9F, 5-18-9, shirokanedai, minato-ku, Tokyo, Japan

Paris Office: c/o Fusae Picollet
4,BD. Beaumarchais 75011 Paris, France

展示会招待状　Invitation Card
ミナ ペルホネン［アパレル］　minä perhonen [Apparel]
AD, D: 名久井直子　Naoko Nakui　CD: 皆川 明　Akira Minagawa
SB: 名久井直子　Naoko Nakui

しおり　Bookmark
ミナ ペルホネン、文化出版局［アパレル、出版］
minä perhonen, Bunka Publishing Bureau [Apparel, Publishing]
AD, D: 名久井直子　Naoko Nakui
CD: 皆川明　Akira Minagawa
SB: 名久井直子　Naoko Nakui

ポストカード　Post Card
ミナ ペルホネン［アパレル］　minä perhonen [Apparel]
AD, D: 名久井直子　Naoko Nakui　CD: 皆川明　Akira Minagawa
SB: 名久井直子　Naoko Nakui

ブランドポスター、パーティセット　Branding Poster, Party Table Set
バルス[インテリア] BALS TOKYO [Home Furnishings]
AD, D, I: 富田光浩　Mitsuhiro Tomita　Producer: 中岡美奈子　Minako Nakaoka
DF: ドラフト　DRAFT Co., Ltd.　SB: ドラフト　DRAFT Co., Ltd.

無垢なパンを。

息を飲むような、
パンでなければ意味がないと思った。
からだの奥が無意識に
反応してしまうと言うのだろうか。

説明を聞かされなくても
素材も、製法も、丁寧さも、清潔さも。
すべて満たされていることが
瞬間で伝わってくる心地よい感覚。

たとえ一片のパンであっても
無垢なるものは光を放つ。
その光を発信していくべき場所は
東京の中心しかないと思った。

ショップツール Shop Tools
idu plus［ベーカリー］ idu plus［Bakery］
CD, CW: 加藤麻司 Asatsugu Kato AD: 田中竜介 Ryusuke Tanaka D: 山崎正樹 Masaki Yamazaki
DF: ドラフト DRAFT Co., Ltd. SB: ドラフト DRAFT Co., Ltd.

DM
チョコット［手芸小物店］ chocotto［Crafts Shop］
AD, D: 杉山ユキ Yuki Sugiyama
SB: 博報堂 HAKUHODO INC.

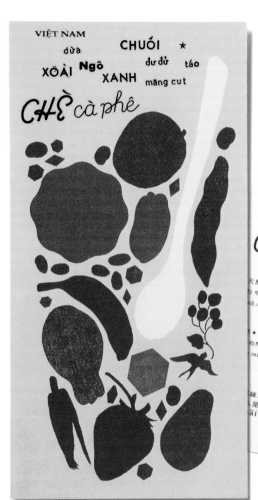

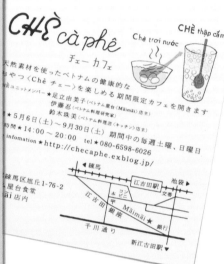

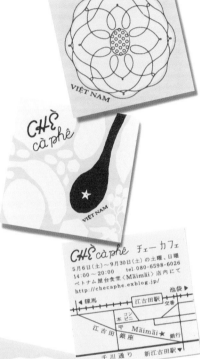

ショップツール　Shop Tools
チェーカフェ［飲食店］　Chè cà phê［Restaurant］
AD, D: 福岡南央子　Naoko Fukuoka
DF: ドラフト　DRAFT Co., Ltd.　SB: ドラフト　DRAFT Co., Ltd.

CHÈ càphê

かき氷
ココナツミルク
緑豆
アボガド
りんご
スイート
バジルシード
ロンガン
マンゴー
バナナ
ジャックフルーツ
いちご

フルーツたっぷり、パフェ風？
Hoa qiá dằm
北部ハノイの
フルーツのチェー
¥750

まさにぜんざい風
Chè thập cẩm
南部サイゴンの
ミックスチェー
¥650

MENU

CHÈ の食べ方

1
グラスを手で持ち、
スプーンで氷を サクサク と
刺しながら
つぶすように下へ下へと掘り進めます。

2
スプーンの位置が具材まで達したら、
ガチャガチャ と上下に
動かしながら
具材と氷をよく混ぜます。

3
グラスの底の方に沈んでいる具材も
きれいにさらうような感じで
とにかく混ぜます。

4
全ての具材、氷が混ざったところを
召し上がれ！
氷はどんどん溶けていくので、
食べながら時々混ぜるのも忘れずに。
混ぜれば混ぜるほど全体の味が
なじんでおいしくなります。

CHÈ càphê

MENU

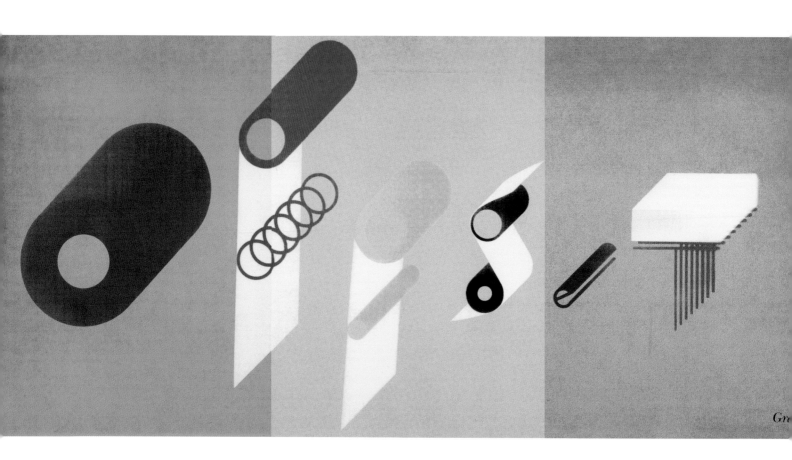

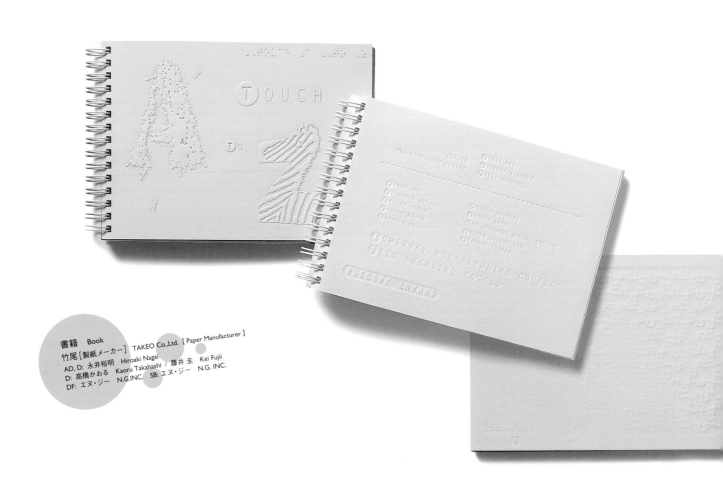

書籍　Book
竹尾［製紙メーカー］ TAKEO Co.,Ltd. [Paper Manufacturer]
AD, D: 永井裕明　Hiroaki Nagai
D: 高橋かおる　Kaoru Takahashi ／ 藤井 圭　Kei Fujii
DF: エヌ・ジー　N.G.INC.　SB: エヌ・ジー　N.G. INC.

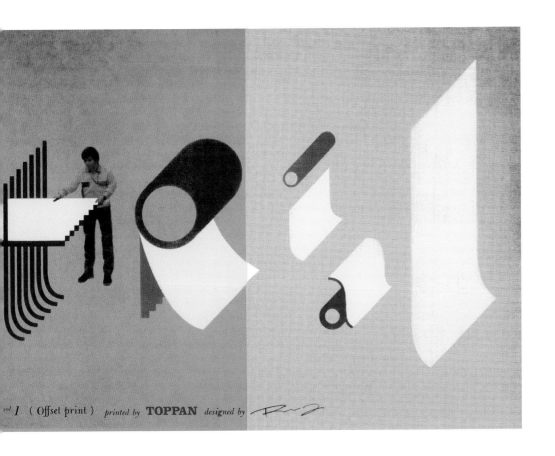

企画展出品ポスター　Event Exhibition Poster
凸版印刷 [印刷]　Toppan Printing　[Printing]
AD, D: 田中竜介　Ryusuke Tanaka
Printing Director: 高浪雄一　Yuichi Takanami
DF: ドラフト　DRAFT Co., Ltd.
SB: ドラフト　DRAFT Co., Ltd.

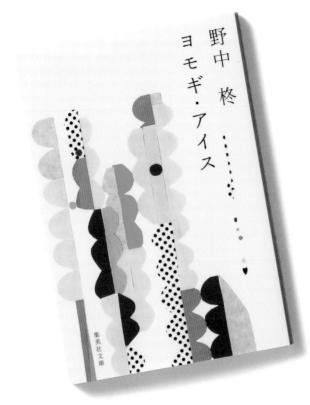

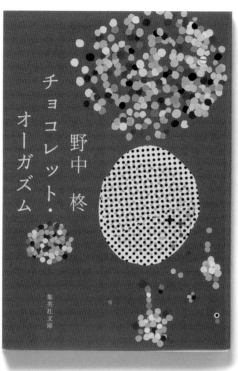

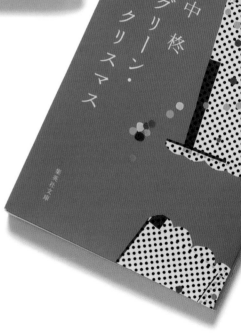

書籍 Book
集英社［出版］SHUEISHA Inc.［Publishing］
AD, D: 名久井直子　Naoko Nakui
I: Melinda Paino　Author: 野中 柊　Hiiragi Nonaka
SB: 名久井直子　Naoko Nakui

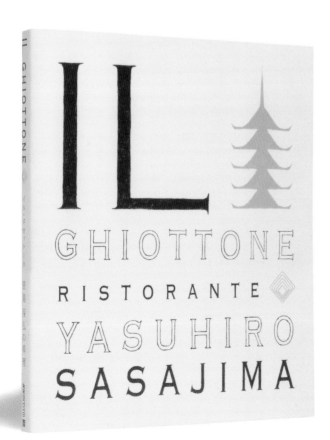

書籍 Book
永末書店［出版］Nagasue Shoten., Ltd.［Publishing］
CD: 松風里栄子　Rieko Shofu　AD: 蛍光 TOKYO　KEI-KO TOKYO
D: DESIGN BOY　P: ハリー中西　Harry Nakanishi
DF: DESIGN BOY Inc.　SB: DESIGN BOY Inc.

書籍 Book
求龍堂［出版］ Kyuryudo., Ltd.［Publishing］
AD: 池田享史　Takafumi Ikeda
DF: デザインサービス　design service co., ltd.
SB: デザインサービス　design service co., ltd.

書籍 Book
幻冬舎［出版］ GENTOSHA INC.［Publishing］
AD: 大島依提亜　Idea Oshima
SB: 大島依提亜　Idea Oshima

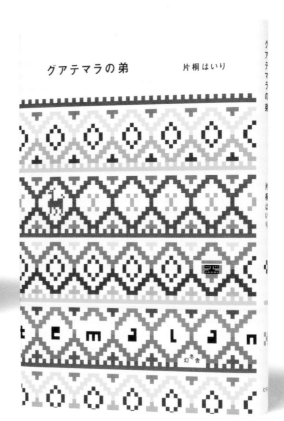

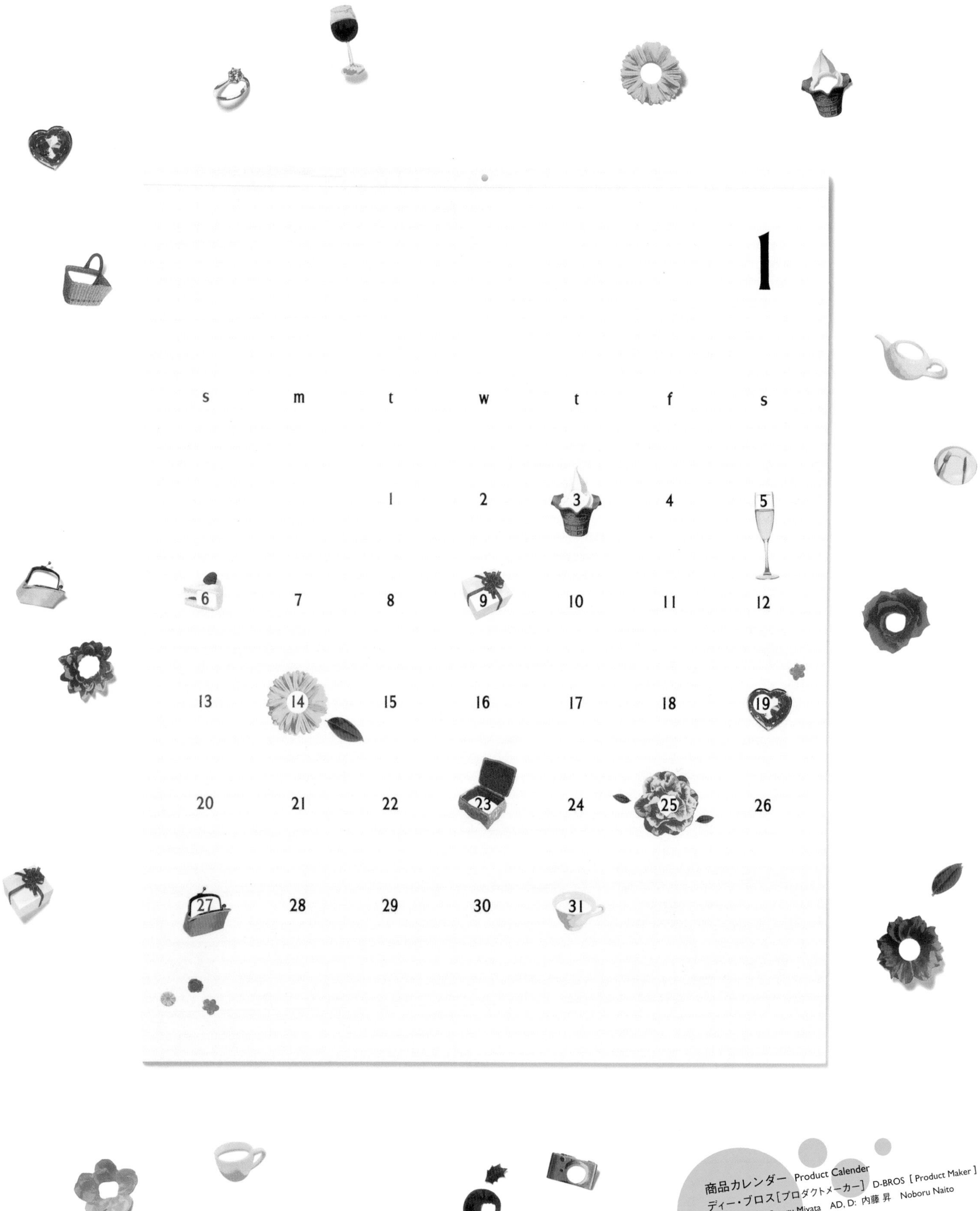
1
s m t w t f s
1 2 3 4 5
6 7 8 9 10 11 12
13 14 15 16 17 18 19
20 21 22 23 24 25 26
27 28 29 30 31

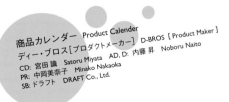

商品カレンダー　Product Calender
ディー・ブロス［プロダクトメーカー］　D-BROS［Product Maker］
CD: 宮田 識　Satoru Miyata　AD, D: 内藤 昇　Noboru Naito
PR: 中岡美奈子　Minako Nakaoka
SB: ドラフト　DRAFT Co., Ltd.

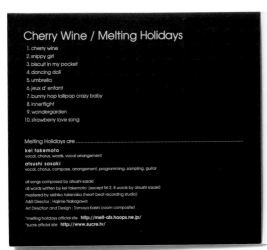

Cherry Wine / Melting Holidays

1. cherry wine
2. snippy girl
3. biscuit in my pocket
4. dancing doll
5. umbrella
6. jeux d' enfant
7. bunny hop lollipop crazy baby
8. innerflight
9. wondergarden
10. strawberry love song

Melting Holidays are ....

kei takemoto
vocal. chorus. words. vocal arrangement

atsushi sasaki
vocal. chorus. compose. arrangement. programming. sampling. guitar

all songs composed by atsushi sasaki
all words written by kei takemoto (except M-2. B words by atsushi sasaki)
mastered by akihiko takenaka (heart beat recording studio)
A&R Director : Hajime Nakagawa
Art Direction and Design : Tomoya Kaishi (room composite)

*cherry holidays official site http://melt-ats.hoops.ne.jp/
*sucre official site http://www.sucre.tv/

CD
シュクレ［音楽出版］ sucre.［Music Publishing］
AD, D: カイシトモヤ Tomoya Kaishi
DF: ルームコンポジット room-composite
SB: ルームコンポジット room-composite

ミニコミ Small-circulation Pamphlet
underson［デザイン事務所］ underson［Design Office］
AD: 堀口 努 Tsutomu Horiguchi
CW: 野崎 泉 Izumi Nozaki
SB: underson

CD
ビクターエンターテインメント [レコード制作]
Victor Entertainment, Inc. [Record Production]
CD: 鈴木栄子　Eiko Suzuki　AD: 佐野研二郎　Kenjiro Sano　D: 榮 良太　Ryota Sakae
P: 新津保健秀　Kenshu Shintsubo　I: つじあやの　Ayano Tsuji
SB: 博報堂　HAKUHODO INC.

DM
広告サミット [サミット]　Advertising Summit [Summit]
CD, AD: 佐野研二郎　Kenjiro Sano　D: 榮良太　Ryota Sakae
SB: 博報堂　HAKUHODO INC.

書籍　Book
ポプラ社 [出版]　POPLAR Publishing [Publishing]　CW: 永松聖子　Shoko Nagamatsu
CD, AD, D, CW: 左合ひとみ　Hitomi Sago　Editor: 矢内裕子　Yuko Yanai
I: 木内達朗　Tatsuro Kiuchi
SB: 左合ひとみデザイン室　Hitomi Sago Design Office, Inc.

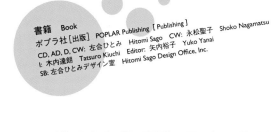

Yuskin®
Yuskin Bruna
Skincare Series

moisturizing ingredient
perilla essence

Medicated Cream Medicated Lotion
Medicated Body Shampoo
Mannan Sponge Baby Hand
URL http://www.yuskin.co.jp ☎ 0120-22-1413

Illustration Dick Bruna ® copyright Mercis b   v, 1963 / Dick Bruna Official Site : ww   w.miffy.co m

ブランドポスター、パッケージ Branding Poster, Packaging
ユースキン製薬 [製薬] Yuskin Pharmaceutical Co., Ltd. [Pharmaceuticals]
CD, AD: 佐藤可士和 Kashiwa Sato D: 石川 耕 Ko Ishikawa I: ディック・ブルーナ Dick Bruna
Advertising Agency & Production: サムライ SAMURAI
SB: サムライ SAMURAI INC.

展示会広告ポスター、グッズ　Art Exhibition Announcement Poster, Goods

キティ・エックス［キャラクターコンテンツビジネス］
KITTY EX. [Character Contents Business]
CD, AD: 佐藤可士和　Kashiwa Sato　D: 石川 耕　Ko Ishikawa　P: 皆川 聡　Satoshi Minakawa
Advertising Agency & Production: サムライ　SAMURAI / デジタルハリウッドエンタテインメント　Digital Hollywood Entertainment
Producer: 加藤 洋　Yo Kato　SB: サムライ　SAMURAI INC.

扇子　Fan
リクルート［情報メディアサービス］
RECRUIT CO., LTD. ［Information Media Business］
AD, D: 関本明子　Akiko Sekimoto　DF: ドラフト　DRAFT Co., Ltd.
SB: ドラフト　DRAFT Co., Ltd.

スリッパ　Slippers
日本グラフィックデザイナー協会（JAGDA）［デザイナー団体］
Japan Graphic Designers Association Inc. (JAGDA) ［Designers Organization］
AD, D: 関本明子　Akiko Sekimoto
DF: ドラフト　DRAFT Co., Ltd.　SB: ドラフト　DRAFT Co., Ltd.

Romantic &
Fairy-Tale

ロマンチック & メルヘン

dreamlike / wonderland / angel / nostalgic / waffy / ephemeral / magical / vague

夢のような / おとぎの世界 / 天使 / 懐かしい感じ / ほんわか / 儚い / 幻想的 / 淡い

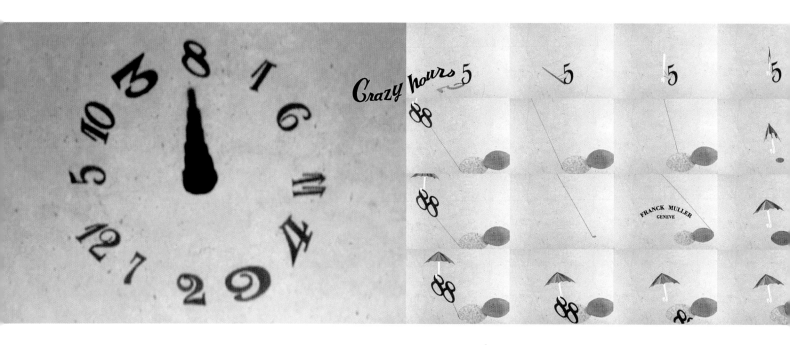

Crazy hours

FRANCK MULLER
GENEVE

She's a princess wishing for light,
a princess of the Kingdom without light.
She's been waiting so long,
for something… for somebody…
But, she never knows
what she's really wishing for
Because she's a princess
who's never seen the light.

jean-paul hevin

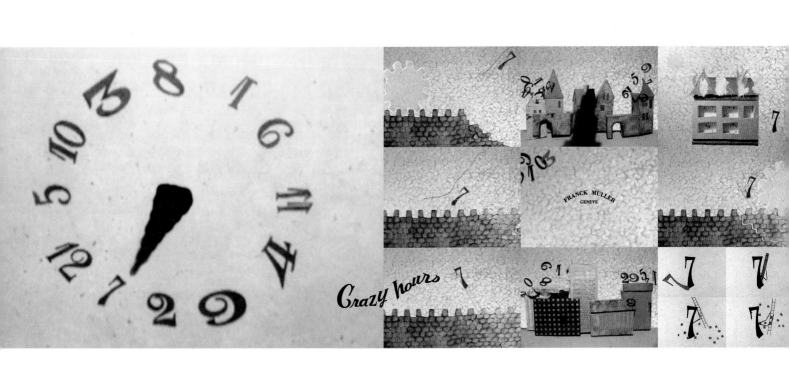

ブランドポスター　Branding Poster
ワールド通商 [時計宝飾販売]
World Commerce Corporation [Watch and Fine Jewelry Sales]
AD, Movie: 森本千絵　Chie Morimoto　CD: 滝澤てつや　Tetsuya Takizawa
D: 若松武志　Takeshi Wakamatsu　PR: 藤原裕樹　Yuki Fujiwara
Movie: RAOHEIDMETS

ブランドポスター　Branding Poster
コンデナスト・パブリケーションズ・ジャパン [出版]
CONDÉ NAST PUBLICATIONS JAPAN [Publishing]
CD, AD: 森本千絵　Chie Morimoto
D: 松永路　Michi Matsunaga　Artist: 上岡佑司　Yuji Kamioka
P: 薄井一議　Kazuyoshi Usui

Romantic & Fairy-Tale
ロマンチック ＆ メルヘン

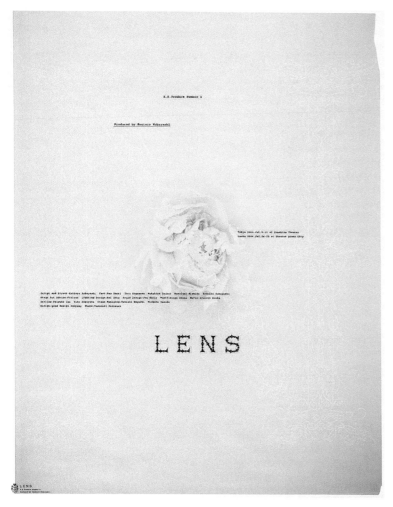

142

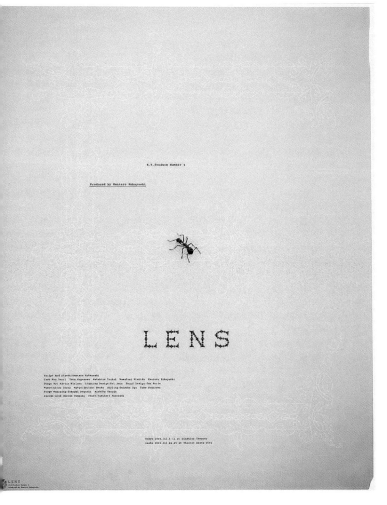

ブランドポスター　Branding Poster
トゥインクルコーポレーション［タレント事務所］
TWINKLE Corporation Ltd.［Talent Agency］
CD, AD: 水野 学　Manabu Mizuno　D, DF: グッドデザインカンパニー　good design company
P: 黒澤康成　Yasunari Kurosawa　SB: グッドデザインカンパニー　good design company

商品案内ポスター、CD　Product Promotion Poster, CD
烏龍舎／トイズファクトリー［レコード制作］　OORONG-SHA / TOY'S FACTORY ［Record Production］
AD: 森本千絵　Chie Morimoto　D: 星野芳輝　Yoshiteru Hoshino
P: 上田義彦　Yoshihiko Ueda　I: 大塚いちお　Ichio Otsuka

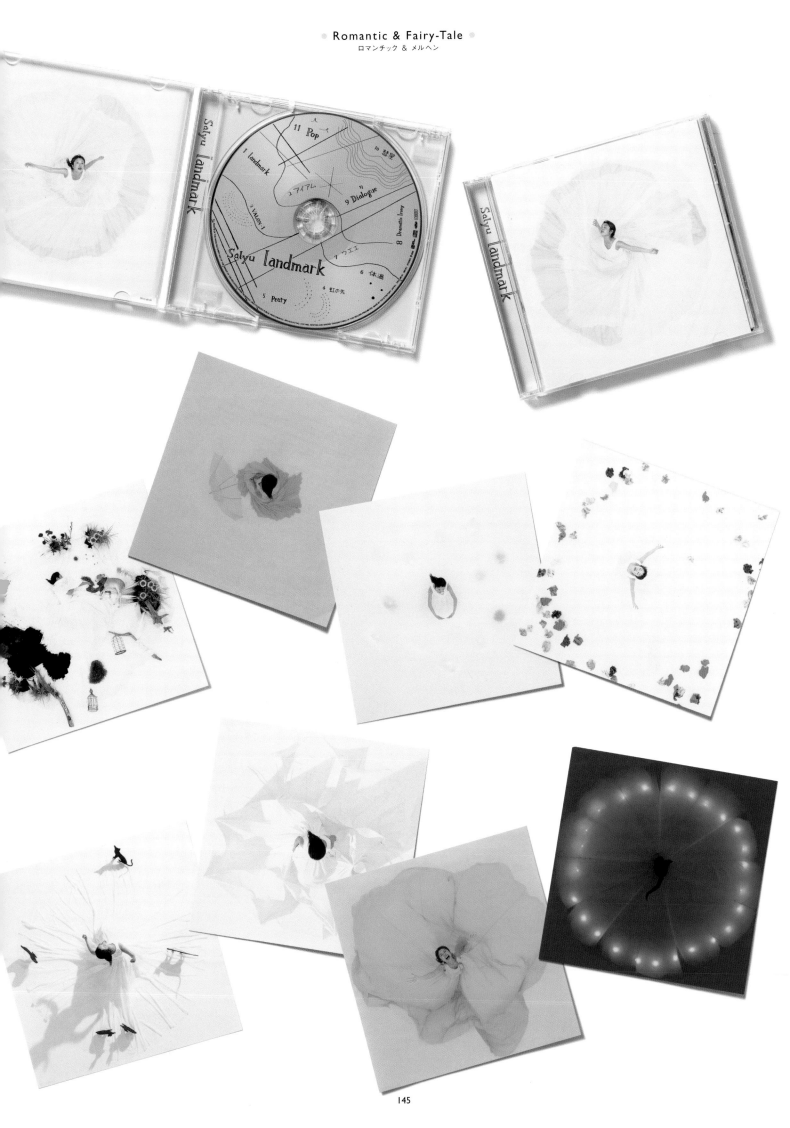

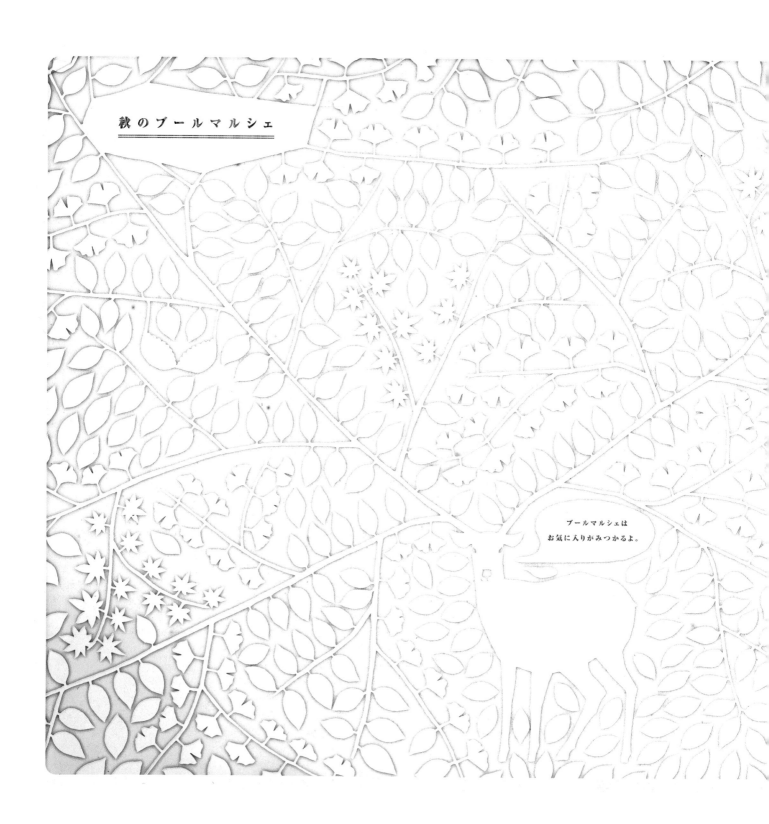

シーズンポスター　Seasonal Poster
ワコール［アンダーウェアブランド］Wacoal Corp. [Lingerie Brand]
CD: 宮田 識　Satoru Miyata　AD, D, I: 関本明子　Akiko Sekimoto
CW: 岡山真子　Shinko Okayama　Producer: 中岡美奈子　Minako Nakaoka
DF: ドラフト　DRAFT Co., Ltd.　SB: ドラフト　DRAFT Co., Ltd.

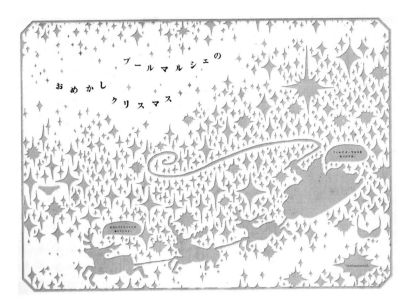

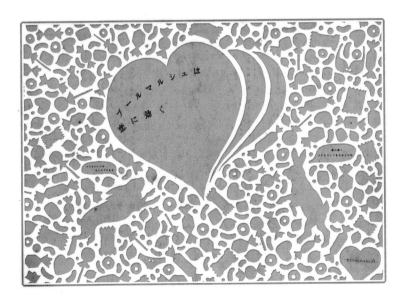

カード　Card
ファンタジスタ［カード販売］　FANTASISTA [Card Retail]　Printing Director: 鈴木 登　Noboru Suzuki
AD, D: 小野勇介　Yusuke Ono
SB: 博報堂　HAKUHODO INC.

haru
-no
party

Et s'envole au paradis
en un souffle.

Un papillon
se perd

展示会案内DM Art Promotion DM
シャンテルジャパン［アンダーウェアブランド］
Chantelle Japan K.K. [Lingerie Brand]
CD, CW: 北風 勝 Masaru Kitakaze AD: 石井 原 Gen Ishii
D: 小栗卓巳 Takumi Oguri / 山口範久 Norihisa Yamaguchi
P: 森本徹也 Tetsuya Morimoto

Chantelle haru-no party

4.10
in La Place
Minami-Aoyama

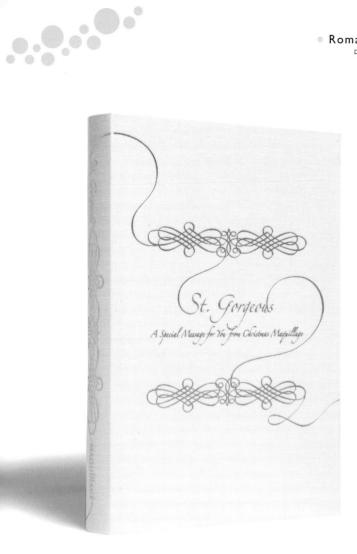

プレスキット　Press Kit
資生堂［化粧品製造・販売］
SHISEIDO CO., LTD. [Cosmetics Manufacture / Sales]
D: 志賀玲子　Reiko Shiga
SB: 資生堂　SHISEIDO CO., LTD.

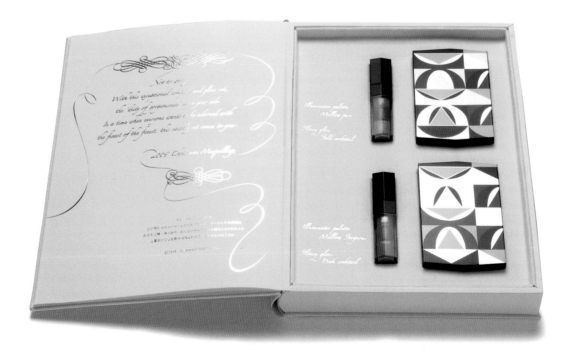

パッケージ　Packaging
資生堂［化粧品製造・販売］
SHISEIDO CO., LTD. ［ Cosmetics Manufacture / Sales ］
CD: 信藤洋二　Yoji Nobuto　D: 渡辺真佐子　Masako Watanabe
SB: 資生堂　SHISEIDO CO., LTD.

CD
ビクターエンタテインメント［レコード制作］
Victor Entertainment, Inc. ［ Record Production ］
CD, AD, D, I: 板倉敬子　Keiko Itakura　DF: イッカクイッカ　IKKAKUIKKA Co., Ltd.
SB: イッカクイッカ　IKKAKUIKKA Co., Ltd.

CD
ピザ・オブ・デス・レコーズ［レコード会社］
PIZZA OF DEATH RECORDS［Record Company］
AD, D: 佐藤稚太　Jyota Sato　DF: ステンスキ　STEINSKI
SB: ステンスキ　STEINSKI

CD
P-VINE RECORDS［レコード会社］
P-VINE RECORDS［Record Company］
D: 山野英之　Hideyuki Yamano　SB: 山野英之　Hideyuki Yamano

パッケージ　Packaging
コーセー[化粧品製造・販売]
KOSÉ Corporation [Cosmetics Manufacture / Sales]
CD: ジル・スチュアート　Jill Stuart　AD: 塙冨士雄　Fujio Hanawa
D: 益田あけみ　Akemi Masuda ／ 二夕月麗子　Reiko Futatsuki
SB: コーセー　KOSÉ Corporation

20th
Anniversary
Sweets Collection

IPSA

パッケージ　Packaging
イプサ[化粧品製造・販売]　IPSA [Cosmetics Manufacture / Sales]
CD: 池田修一　Shuichi Ikeda　AD: 伊藤 透　Toru Ito
D: 小森谷澄香　Sumika Komoriya　P: 近藤正一　Shoichi Kondo
DF: エフクリエイション　F Creation
SB: イプサ　IPSA

チラシ、メンバーズカード　Pamphlet, Member's Card
グラマー[美容室]　GLAMOUR [Hair Salon]
AD, D: 福岡南央子　Naoko Fukuoka　Producer: 中岡美奈子　Minako Nakaoka
DF: ドラフト　DRAFT Co., Ltd.　SB: ドラフト　DRAFT Co., Ltd.

商品案内カタログ　Product Promotion Catalog
サントリー[飲料品の製造・販売] SUNTORY LIMITED. [Beverage Production and Sales]
AD: 今井クミ　Kumi Imai　D: 田中史章　Fumiaki Tanaka / 染野優子　Yuko Someno
CW: 加藤雄一　Yuichi Kato　P: 関口尚志　Takashi Sekiguchi
DF: アピスラボラトリー　Apis Laboratory Inc.　SB: アピスラボラトリー　Apis Laboratory Inc.

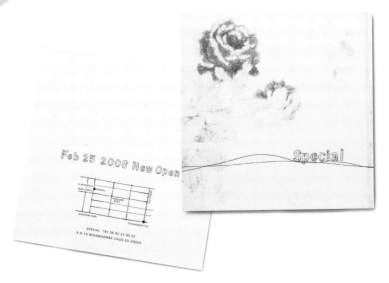

DM
キュードパリ[ブティック] CUL DE PARIS [Boutique]
AD: 古川智基　Tomoki Furukawa
AD, D: 荻田純　Jun Ogita　DF: サファリ　SAFARI INC.
SB: サファリ　SAFARI INC.

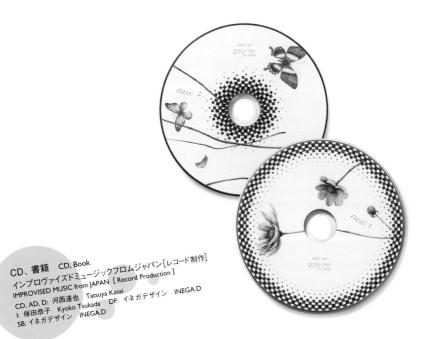

CD、書籍　CD, Book
インプロヴァイズドミュージックフロムジャパン[レコード制作]
IMPROVISED MUSIC from JAPAN [Record Production]
CD, AD, D: 河西達也　Tatsuya Kasai
I: 塚田恭子　Kyoko Tsukada　DF: イネガデザイン　INEGA.D
SB: イネガデザイン　INEGA.D

CD
メロディスターレコーズ［レコード会社］
Melody Star Records ［Record Company］
AD, D: カイシトモヤ　Tomoya Kaishi　P: 比留間保裕　Yasuhiro Hiruma
Hairmake: 枝村香織　Kaori Edamura　DF: ルームコンポジット　room-composite
SB: ルームコンポジット　room-composite

シーズンカタログ　Seasonal Catalog
ソフ[アパレル] SOPH. Co.,Ltd. [Apparel]
CD: 佐藤 篤　Atsushi Sato（DRELLA）　AD: 越尾真介　Shinsuke Koshio
D: 清水ミキ　Miki Shimizu　P: 高木康行　Yasuyuki Takaki
Stylist: 伊賀大介　Daisuke Iga（kiki）　DF: SUNDAY VISION　SUNDAY VISION inc.
SB: SUNDAY VISION　SUNDAY VISION inc.

シーズンカタログ　Seasonal Catalog
フォーアンドコレー[アパレル] Fo & Kore inc. [Apparel]
AD: スルー　TUROUGH.　P: 高橋ヨーコ（モデル）　Yoko Takahashi（model） /
中村和嘉（商品）　Kazuyoshi Nakamura（stiil)
SB: スルー　THROUGH.

ブランドポスター　Branding Poster
鹿野漆器[漆器メーカー]　KANO SHIKKI CO., LTD. [Lacquerware Maker]
AD, D, P: 永井雄二　Yuji Nagai
D: 西尾 望　Nozomu Nishio / 中村理絵　Rie Nakamura / 石山沙蘭　Saran Ishiyama
DF: デザインホース　Design Horse co.,ltd.
SB: デザインホース　Design Horse co., ltd.

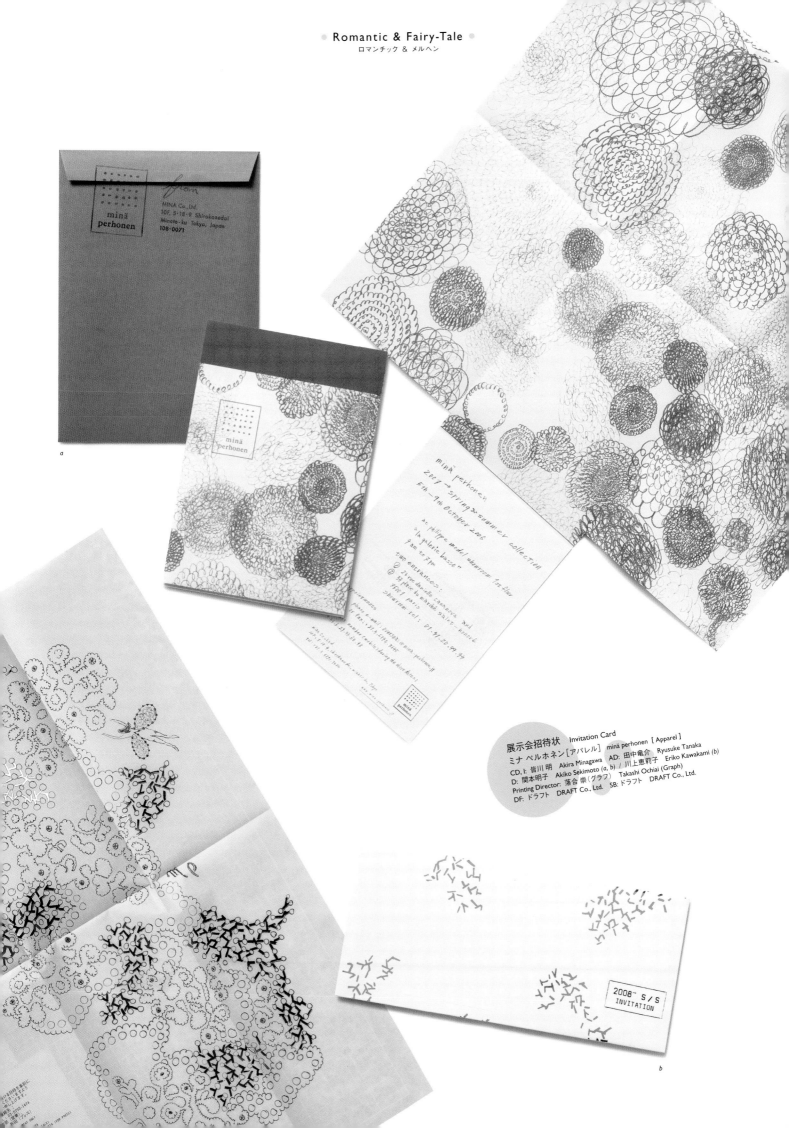

展示会招待状　Invitation Card
ミナ ペルホネン [アパレル]　minä perhonen [Apparel]
CD, I: 皆川 明　Akira Minagawa　AD: 田中竜介　Ryusuke Tanaka
D: 関本明子　Akiko Sekimoto (a, b) / 川上恵莉子　Eriko Kawakami (b)
Printing Director: 落合 崇 (グラフ)　Takashi Ochiai (Graph)
DF: ドラフト　DRAFT Co., Ltd.　SB: ドラフト　DRAFT Co., Ltd.

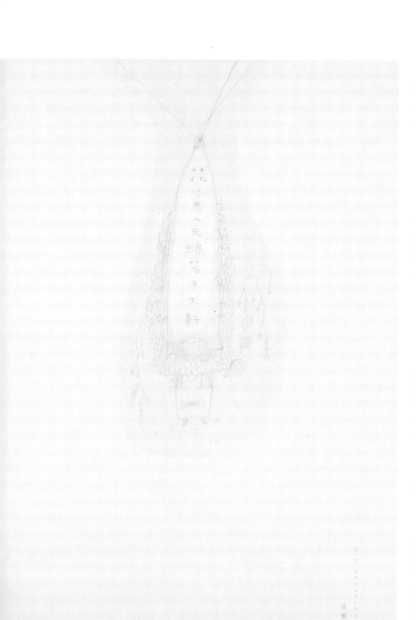

展示会広告ポスター　Art Exhibition Announcement Poster
草子舎 [出版]　SOSHISHA [Publishing]
AD, D: 宮田裕美詠　Yumiyo Miyata　CW: 高橋陸郎（句）　Mutsuro Takahashi (phrase)
Producer: 高橋修宏　Nobuhiro Takahashi　DF: ストライド　STRIDE
SB: 宮田裕美詠　Yumiyo Miyata

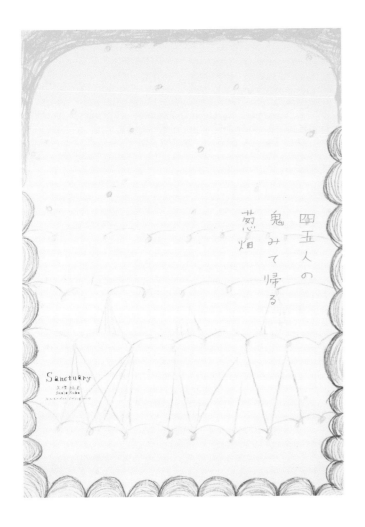

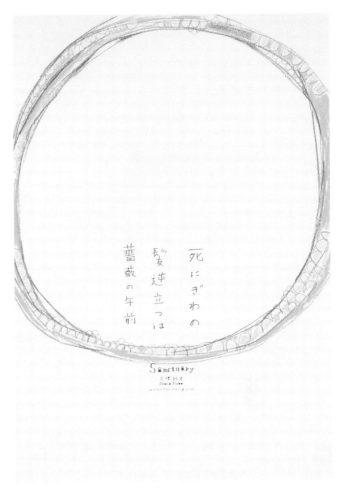

展示会広告ポスター　Art Exhibition Announcement Poster
草子舎［出版］　SOSHISHA [Publishing]
AD, D: 宮田裕美詠　Yumiyo Miyata　CW: 久保純夫（句）　Sumio Kubo (phrase)
Producer: 高橋修宏　Nobuhiro Takahashi　DF: ストライド　STRIDE
SB: 宮田裕美詠　Yumiyo Miyata

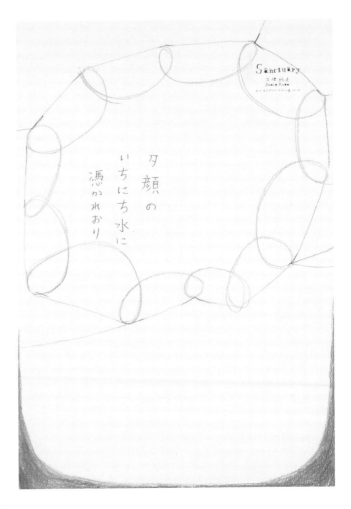

ハンカチ、パッケージ　Handkerchief, Packaging
ブルーミング中西 [ハンカチーフなど雑貨商品の企画販売]
Blooming Nakanishi & Company [Accessories (handkerchieves, etc) Planning and Sales]
AD, D, I: 高井 薫　DF: サン・アド　Sun-Ad Co.,Ltd.
SB: サン・アド　Sun-Ad Co.,Ltd.

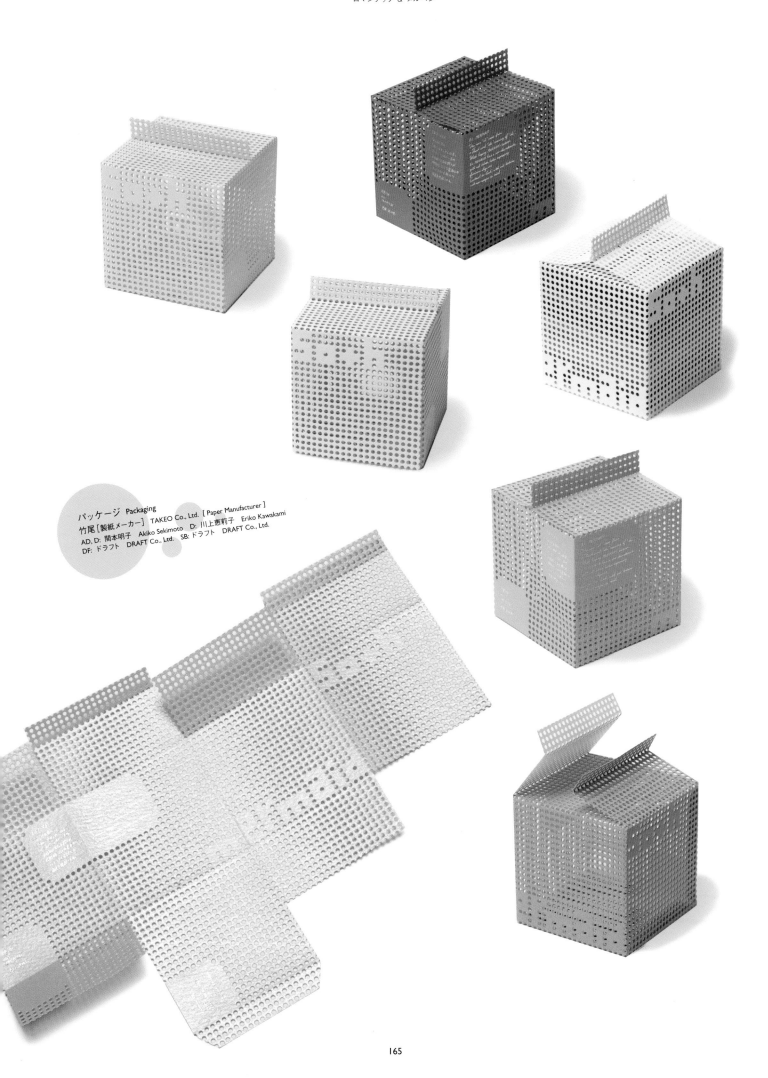

パッケージ　Packaging
竹尾［製紙メーカー］ TAKEO Co., Ltd.［Paper Manufacturer］
AD, D: 関本明子　Akiko Sekimoto　D: 川上恵莉子　Eriko Kawakami
DF: ドラフト　DRAFT Co., Ltd.　SB: ドラフト　DRAFT Co., Ltd.

パッケージ Packaging
ディックカラースクエア［ギャラリー］ DIC COLOUR SQUARE ［ Gallery ］
CD, AD, D: 左合ひとみ　Hitomi Sago
SB: 左合ひとみデザイン室　Hitomi Sago Design Office, Inc.

a

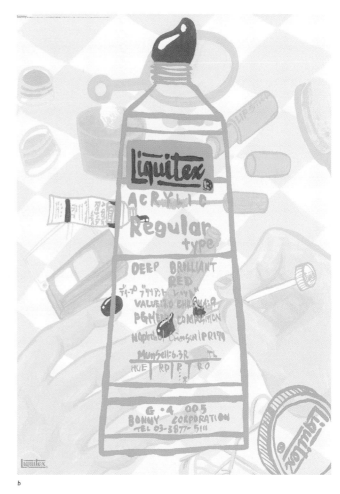

b

商品案内ポスター Product Promotion Poster
バニーコルアート［画材メーカー］ bonnyColArt［Art Supplies］
AD, D: 泉屋政昭 Masaaki Izumiya
I: 平野美佐 Misa Hirano (a) / 飯泉ひとみ Hitomi Iizumi (b)
SB: ティントーイ tintoy

ブランドポスター Branding Poster
オフィス井汲［生命保険代理店］ office ikumi［Insurance Agent］
AD: 池田享史 Takafumi Ikeda
DF: デザインサービス design service co., ltd.
SB: デザインサービス design service co., ltd.

バースデーカード　Birthday Card
ビギ[アパレル]　BIGI CO., LTD. [Apparel]
AD, D, P: 阿部一秀　Kazuhide Abe
SB: 阿部一秀　Kazuhide Abe

06-07
Autumn/Winter

FRAPBOIS

招待状　Invitation Card
ビギ[アパレル]　BIGI CO., LTD. [Apparel]
AD, D: 阿部一秀　Kazuhide Abe
SB: 阿部一秀　Kazuhide Abe

FRAPBOIS
07
SUMMER EXHIBITION

2007.2.9(FRI)
10:00〜18:00
at BIGI BUILDING

雑誌エディトリアル Magazine Editorial
インフォバーン［出版］ Infobahn. co., Ltd.［Publishing］
AD: 木継則幸　Noriyuki Kitsugi　D: 荒井幸子　Yukiko Arai　P: 松原博子　Hiroko Matsubara
Hairmake: 河村慎也　Shinya Kawamura　Stylist: 堀江直子　Naoko Horie
Model: アリーナ ケイ　Alina K.　DF: インフォバーン・デザイン　infobahn design
SB: インフォバーン　infobahn. co., Ltd.
［MY LOHAS］2007年1月

手帳　Notebook
オトメグラフ［デザイン事務所］
otome-graph.［Design Office］
AD, D: 川村よしえ　Yoshie Kawamura
DF: オトメグラフ　otome-graph.
SB: オトメグラフ　otome-graph.

169

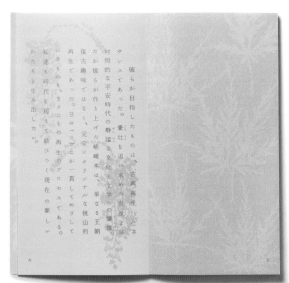

展示会案内DM Art Promotion DM
リューズ纒［アパレル］ Lews Ten [Apparel]
AD, D: 平野篤史　Atsushi Hirano / 田中竜介　Ryusuke Tanaka
DF: ドラフト　DRAFT Co., Ltd.　SB: ドラフト　DRAFT Co., Ltd.

展示会案内DM　Art Exhibition DM
ダミアーニ・ジャパン［ジュエリー販売］
DAMIANI JAPAN［Jewely Maker］
AD: 美澤 修　Osamu Misawa　D: 梶谷聡美　Satomi Kajitani
SB: 美澤修デザイン室　Osamu Misawa Design Room Co., Ltd.

DM
スタンス［美容室］　stance［Hair Salon］
CD, AD, DF: グッドデザインカンパニー　good design company
D, I: 板倉敬子　Keiko Itakura
SB: イッカクイッカ　IKKAKUIKKA Co., Ltd.

展示会広告ポスター　Art Exhibition Announcement Poster
エー カンパニー［アパレル］ A company [Apparel]
AD, D, I: 関本明子　Akiko Sekimoto　D: 塚田恭子　Kyoko Tsukada
DF: ドラフト　DRAFT Co., Ltd.　SB: ドラフト　DRAFT Co., Ltd.

イベント告知ポスター、プログラム　Event Announcement Poster, Program
香雪会［音楽教室］KAYUKI Group［Music School］
AD, D: 長嶋りかこ　Rikako Nagashima　D: 水溜友絵　Tomoe Mizutamari
P: 青山たかかず　Takakazu Aoyama　Producer: 星本和容　Kazuhiro Hoshimoto
Printing Director: 鈴木 登　Noboru Suzuki　DF: シロップ　Syrup
SB: 博報堂　HAKUHODO INC.

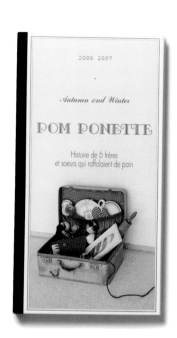

シーズンカタログ　Seasonal Catalog
ナルミヤインターナショナル［アパレル］
NARUMIYA INTERNATIONAL. CO., LTD. ［ Apparel ］
AD: スルー　TUROUGH.　P: 北島明　Akira Kitajima
SB: スルー　THROUGH.

ショッピングバッグ、ギフトボックス　Shopping Bag, Gift Box
サザビーリーグ［雑貨・カフェ］SAZABY LEAGUE, Ltd. ［ Café and Miscellaneous Goods ］
CD: 富田光浩　Mitsuhiro Tomita　AD, D: 福岡南央子　Naoko Fukuoka
Producer: 中岡美奈子　Minako Nakaoka　DF: ドラフト　DRAFT Co., Ltd.
SB: ドラフト　DRAFT Co., Ltd.

シーズンカタログ　Seasonal Catalog
ベイクルーズ［アパレル］BAYCREW'S CO.,LTD. [Apparel]
AD: ナミエミツヲ（スカイビジュアルワークス）Mitsuo Namie (sky visual works)
P: 井上佐由紀　Sayuki Inoue (Snappin' Buddha)　Hairmake: 市嶋あかね　Akane Ichishima
DF: スカイビジュアルワークス　sky visual works
SB: スカイビジュアルワークス　sky visual works

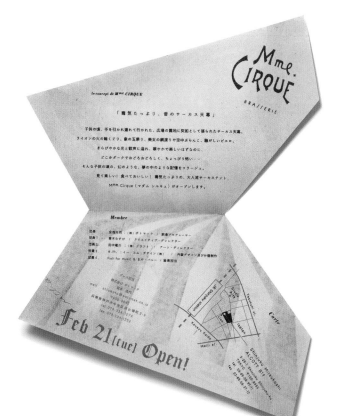

ショップツール　Shop Tools
ポトマック［レストラン］ POTOMAK [Restauraunt]
CD: 青木むすび　Musubi Aoki　AD: 田中竜介　Ryusuke Tanaka
D: 前沢拓馬　Takuma Maezawa　DF: ドラフト　DRAFT Co., Ltd.
SB: ドラフト　DRAFT Co., Ltd.

CD
エピックレコードジャパン［レコード会社］
Epic Record Japan Inc. [Record Company]
AD: スルー　TUROUGH.　P: 田島一成　Kazunali Tajima
SB: スルー　THROUGH.

CD
ソニーミュージックジャパンインターナショナル [音楽]
Sony Music Japan International Inc. [Music]
CD: S-ken AD: 土家啓延 Hironobu Tsuchiya D: 山城 由 Yui Yamashiro
P: 青野千絋 Chihiro Aono Stylist, Head Cosage: 時任陽子 Yoko Tokitou
SB: 博報堂 HAKUHODO INC.

フリーペーパー Free Paper
CK エンタテインメント [映画配給]
CK Entertainment Co.,Ltd. [Film Distributor]
AD, D: 大島依提亜 Idea Oshima D: 富岡克朗 Yoshiaki Tomioka
Editor: 川勝正幸 Masayuki Kawakatsu / 辛島いづみ Izumi Karashima
SB: 大島依提亜 Idea Oshima

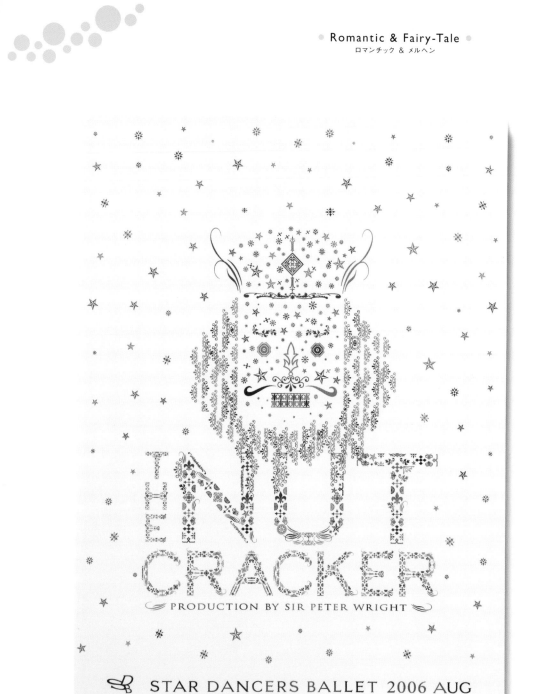

プログラム、フライヤー　Program, Flyer
スターダンサーズ・バレエ団[バレエ団] STAR DANCERS BALLET [Ballet Company]
CD, AD: 今井クミ　Kumi Imai
D: 多賀健史　Takeshi Taga　DF: アピスラボラトリー　Apis Laboratory Inc.
SB: アピスラボラトリー　Apis Laboratory Inc.

書籍　Book
ワニマガジン社[出版]　Wani Magazine Publishing [Publishing]
Editor: 古山聖子　Seiko Furuyama　CD: 渡部浩明　Hiroaki Watanabe
AD, D: 河西達也　Tatsuya Kasai　D: 渡辺真由子　Mayuko Watanabe
P: 林久光　Hisamitsu Hayashi ／ 小島悟　Satoshi Kojima　Beads Design : 楓由香　Yuka Kaede
DF: イネガデザイン　INEGA.D　SB: イネガデザイン　INEGA.D

Keiko Itakura
板倉けいこ

Forest
フォレスト

April 1st to June 1st
四月一日から六月一日まで

Opening reception: April 6th 7-9pm
オープニングパーティ：四月六日七時から九時まで

Invite valid for you and one guest: NON-TRANSFERABLE
招待客一人プラスゲスト

DIESEL DENIM GALLERY
68 Greene Street (Between Spring & Broome)

Curated By
FANGS
TOKION

Must be 21 years or
older to attend
入場21歳以上

展示会案内DM　Art Exhibition DM
ディーゼル デニムギャラリーニューヨーク［アパレル］
DIESEL for DIESEL DENIM GALLERY NY［Apparel］
CD, AD, D, I: 板倉敬子　Keiko Itakura
DF: イッカクイッカ　IKKAKUIKKA Co., Ltd.
SB: イッカクイッカ　IKKAKUIKKA Co., Ltd.

シーズンカタログ　Seasonal Catalog
パルコ［ファッションデパート運営］
PARCO Co., Ltd.［Fashion Department Store Administration］
AD, D, I: 阿部一秀　Kazuhide Abe　Image Photo: ヒジカ HIJIKA　Photo: Takashi Uehara
Styling: 島田まふみ　Mafumi Shimada　Text: 小柳美佳　Mika Koyanagi（Nhi）
Model: Chiho Takamura　SB: 阿部一秀　Kazuhide Abe

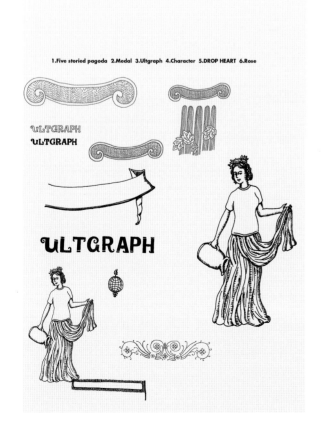

ブランドポスター　Branding Poster
ウルトグラフ［Tシャツブランド］　ultgraph［T-shirts Brand］
AD, D: 近藤ちはる　Chiharu Kondo　I: フジモト・ヒデト　Hideto Fujimoto
SB: ウルトラグラフィックス　ultragraphics

ブランドポスター　Branding Poster
モンキ［広告］ monqee [Advertising]
AD, D, CW: 御園岳芳　Takeyoshi Misono　P: 亀村敦史　Atsushi Kamemura
SB: アンインセクトネット　an insect net

シーズンカタログ　Seasonal Catalog
ナルミヤインターナショナル［アパレル］
NARUMIYA INTERNATIONAL. CO., LTD. [Apparel]
AD: スルー　TUROUGH.
P: 端 裕人　Hiroto Hata　SB: スルー　THROUGH.

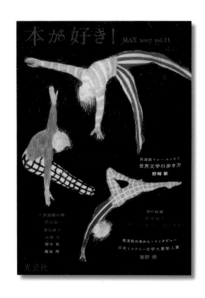

PR誌　PR Magazine
光文社 [出版]　KOBUNSHA Co., Ltd. 【 Publishing 】
AD, D: 福岡南央子　Naoko Fukuoka
Producer: 横山浩子　Hiroko Yokoyama
DF: ドラフト　DRAFT Co., Ltd.
SB: ドラフト　DRAFT Co., Ltd.

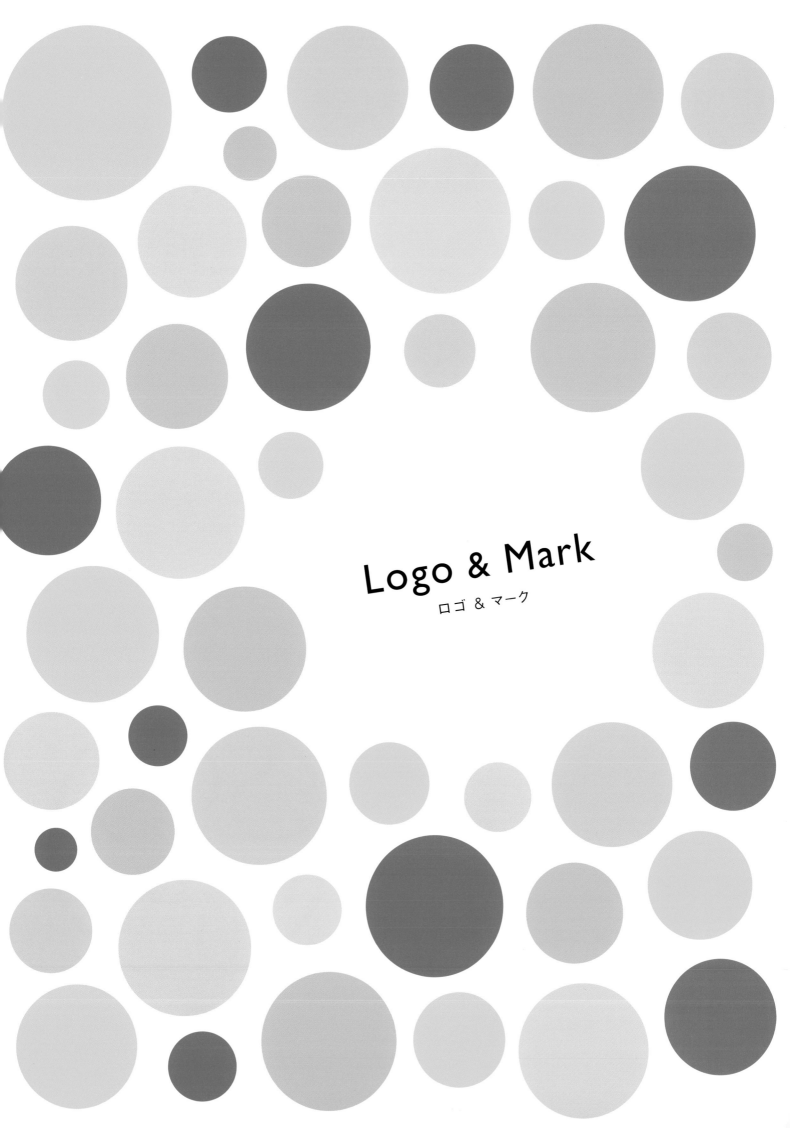

Logo & Mark

ロゴ & マーク

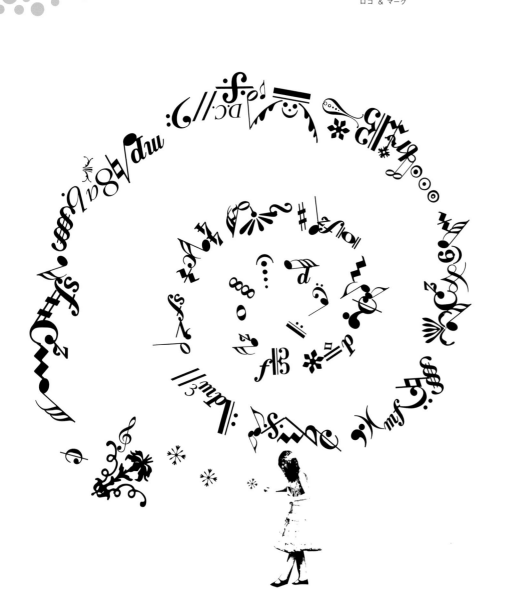

アイディレット[飲食店] i-diletto [Restaurant]
AD: 古川智基 Tomoki Furukawa D: 荻田 純 Jun Ogita
DF: サファリ SAFARI INC. SB: サファリ SAFARI INC.

CD: ジェレミー・サンソン Jeremy Sanson
AD, I: 佐藤 薫 Kaoru Sato DF: ケープラスミー K+Me
SB: ケープラスミー K+Me

blooming

ブルーミング中西[ハンカチーフなど雑貨商品の企画販売]
Blooming Nakanishi & Company [Accessories (handkerchieves, etc) Planning and Sales]

CD: 秋山道男 Michio Akiyama AD: 葛西 薫 Kaoru Kasai
D: 引地摩里子 Mariko Hikichi DF: サン・アド Sun-Ad. Co.,Ltd.
SB: サン・アド Sun-Ad. Co., Ltd.

クラシエフーズ[食品製造・販売] Kracie Foods, Ltd. [Foodstuff Manufacture and Sales]

CD, AD: 増田秀昭 Hideaki Masuda AD: 今井クミ Kumi Imai
D: 武田一孝 Kazutaka Takeda / 多賀健史 Takeshi Taga
CW: 田尾新治 Shinji Tao DF: アピスラボラトリー Apis Laboratory Inc.
SB: アピスラボラトリー Apis Laboratory Inc.

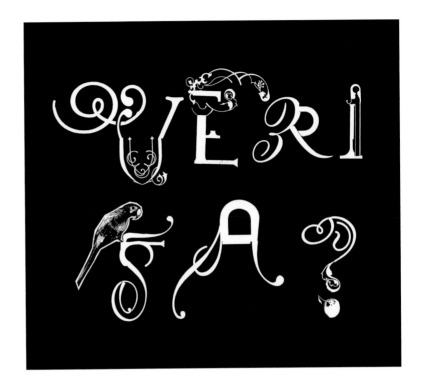

グラウンド［アパレル］ ground co.,ltd.［ Apparel ］
AD, D: 荻田 純　Jun Ogita　DF: サファリ　SAFARI INC.
SB: サファリ　SAFARI INC.

マツダ［自動車］ Mazda Motor Corporation［ Automobile Manufacturer ］
CD: 山口尚久　Naohisa Yamaguchi
AD: 藤田 誠　Makoto Fujita　D: 田中聡美　Satomi Tanaka
DF: 与世原邦治（スーデ）　Kuniharu Yosehara (sude)
SB: 博報堂　HAKUHODO INC.

ディオスコリデス［食品製造・販売］
Dioscorides Inc.［ Foodstuff Manufacture and Sales ］
CD, AD, D: 今井クミ　Kumi Imai　D: 伊藤康華　Shizuka Ito
DF: アピスラボラトリー　Apis Laboratory Inc.
SB: アピスラボラトリー　Apis Laboratory Inc.

イングスタイラー［ライブハウス＆バー］
ING-STYLER CO.,LTD.［ Live House and Bar ］
AD: 古川智基　Tomoki Furukawa　D: 荻田 純　Jun Ogita
DF: サファリ　SAFARI INC.　SB: サファリ　SAFARI INC.

ナガホリ［ジュエリーメーカー］ NAGAHORI CORPORATION［ Jewelry Maker ］
CD: 宮田 識　Satoru Miyata　AD, D: 福岡南央子　Naoko Fukuoka
Creative Coordinator: 角末有沙　Arisa Kakusue　DF: ドラフト　DRAFT Co., Ltd.
SB: ドラフト　DRAFT Co., Ltd.

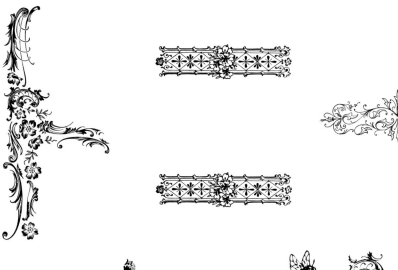

ウィルコ［映画配給］ Wilco ［Film Distributor］
AD, D: 柿木原政広　Masahiro Kakinokihara
SB: 10

エクセム［熱気球、イベント］ Exem Co., Ltd. ［Hot-air Ballon, Event］
CD, AD, D: 石橋政美　Masami Ishibashi　DF: 石橋政美デザイン室　Masami Ishibashi Design Inc.
SB: 石橋政美デザイン室　Masami Ishibashi Design Inc.

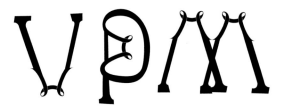

Tamachi Tennis Club［テニスクラブ］
Tamachi Tennis Club ［Tennis Club］
CD: 永見浩之　Hiroyuki Nagami　AD: 金子敦　Atsushi Kaneko / 金子泰子　Yasuko Kaneko
DF: Blood Tube Inc.　SB: Blood Tube Inc.

VPM［クリエイター・ユニット］ VPM ［Creators Unit］
AD, D: 阿部一秀　Kazuhide Abe
SB: 阿部一秀　Kazuhide Abe

日だまり[飲食店] Hidamari [Restaurant]
AD: カイシトモヤ Tomoya Kaishi
D: 酒井博子 Hiroko Sakai
DF: ルームコンポジット room-composite
SB: ルームコンポジット room-composite

Ameba Pet Blog

サイバーエージェント[インターネット・メディア] Cyber Agent [Internet Media]
CD: 須田 伸 Shin Suda AD: 金子 敦 Atsushi Kaneko / 金子泰子 Yasuko Kaneko
DF: Blood Tube Inc. Planner: 坂下由貴子 Yukiko Sakashita SB: Blood Tube Inc.

Gallery abe

Gallery abe [ギャラリー] Gallery abe [Gallery]
AD, D: 阿部一秀 Kazuhide Abe SB: 阿部一秀 Kazuhide Abe

Blue Elephant [ペットショップ] Blue Elephant [Pet Shop]
AD, D: 阿部一秀 Kazuhide Abe
SB: 阿部一秀 Kazuhide Abe

minori

Barking Dog Sit, Stay.

バンビーナ[アロマセラピースクールおよびサロン]
Bambina [Aromatheraphy School and Salon]
CD, AD: 今井クミ Kumi Imai D: 多賀健史 Takeshi Taga / 小田嶋 暁子 Akiko Odashima
DF: アピスラボラトリー Apis Laboratory Inc. SB: アピスラボラトリー Apis Laboratory Inc.

Blue Elephant [ペットショップ] Blue Elephant [Pet Shop]
AD, D: 阿部一秀 Kazuhide Abe
SB: 阿部一秀 Kazuhide Abe

RAPORA

AIR DO INFLIGHT MAGAZINE　2006　6　　ラポラ

AIR DO Mail No.25 ~From HOKKAIDO to TOKYO~

北海道国際航空［航空］　Hokkaido International Airlines［Airline］
AD, D: 阿部一秀　Kazuhide Abe
SB: 阿部一秀　Kazuhide Abe

midi［企画開発プロモーション］
midi［Planning and Development Promotion］
CD, AD, D: 石橋政美　Masami Ishibashi
DF: 石橋政美デザイン室　Masami Ishibashi Design Inc.
SB: 石橋政美デザイン室　Masami Ishibashi Design Inc.

EATS and MEETS Cay

イーツ・アンド・ミーツ・カイ［飲食店］　EATS and MEETS Cay［Restaurant］
CD: 猪熊敏博　Toshihiro Inokuma　AD, D: 小林洋介　Yosuke Kobayashi
DF: イー　E.Co., Ltd.　SB: イー　E.Co., Ltd.

1 2 3 4 5 6 7 8 9 0

Gallery abe［ギャラリー］　Gallery abe［Gallery］
AD, D: 阿部一秀　Kazuhide Abe
SB: 阿部一秀　Kazuhide Abe

L'avenue

En vous souhaitant un agreable voyage.

グラウンド［靴屋］　ground co.,ltd.［Shoes Shop］
AD, D: 荻田 純　Jun Ogita　DF: サファリ　SAFARI INC.
SB: サファリ　SAFARI INC.

ROYAL OAK HOTEL
SPA & GARDENS

ロイヤルオークリゾート［ホテル経営］
ROYAL OAK RESORT CO., Ltd.［Hotel Administration］
CD, AD, D: 今井クミ　Kumi Imai　D: 金子朋世　Tomoyo Kaneko /
多賀健史　Takeshi Taga / 小田嶋 暁子　Akiko Odashima
CW: 遠藤 真由美　Mayumi Endo　P: 森 雅美　Masami Mori
DF: アピスラボラトリー　Apis Laboratory Inc.
SB: アピスラボラトリー　Apis Laboratory Inc.

INDEX
インデックス

Submittors

Clients

HOUSING FLYER
ハウジングフライヤー

Page: 288 (256 in Color)　¥14,000+Tax

全国主要都市から集めた一戸建、分譲マンション、複合住宅などの不動産案内チラシを厳選し約700点を一挙掲載。見る人に物件の完成、住み心地、ライフスタイルを想像させるイメージ写真やイラスト、間取り図、その他情報などを、わかりやすくデザインしたチラシを多数収録します。また物件を紹介したWeb、チラシ制作に役立つCGの事例、制作現場からみたチラシの最前線、不動産案内のキャッチコピー集などを加えた盛りだくさんの内容でお届けします。

Some 700 real estate flyers advertising houses, condominium apartments and housing complex collected from major cities throughout Japan brought together in one volume.

SALES STRATEGY AND DESIGN
販売戦略とデザイン

Page: 224 (Full Color)　¥15,000+Tax

様々な業種の商品発売（サービス業の商品も含む）に伴う告知プロモーションを商品ごとに紹介。思わず手に取るネーミングや、店頭で目を引くパッケージ、消費者の心をくすぐるノベルティなど、各々のアイテムを巧みに利用した例を多数収録。

Unique and outstanding graphic tools in new product/service launching. Here are packages, novelties and the naming of product offering the newest communication styles to consumers!! With explanation of concept and motive for product / promotional tools.

販売戦略と
デザイン
は、切っても切れ
ない関係というの
が、この本のあら
すじです。

Sales Strategy and Design

HAND-LETTERING UNBOUND
書き文字・装飾文字 グラフィックス

Page: 192 (Full Color)　¥9,800+Tax

普段使われるフォントではなく、手書きや装飾された個性的な文字を使用したグラフィック作品を紹介。筆文字は力強く和のイメージを、ペン文字はラフでやさしいイメージを感じさせます。文字選びは作品のイメージを左右する重要なポイントです。

A massive collection of free-minded lettering, highlighting eye-catchy handwritings and ornamental writings. All selected works are full of handmade originality, like writings with pen or brush, needlework writings and stitch wrings and more.

2 kilo of KesselsKramer
ケッセルスクライマーの2キロ

Page: 880 (Full Color)　¥9,800+Tax

ヨーロッパで大評判のケッセルスクライマーの作品とその秘訣を大公開！　よろめくほど重い2キロのコンテンツ。　これを読めば、アムステルダムの小さなクリエイティブ集団がコミュニケーションの世界でヘビー一級になった理由がわかる。

2 kilo of KesselsKramer. Brick or Book? Weighing in at a staggering two kilograms the contents include: - Everything the renowned agency has made. Go to the gym, then try and lift 2 kilo of KesselsKramer. It's the best way to see how this small agency from Amsterdam became a heavyweight in the world of communication.

URBAN SIGN DESIGN
最新 看板・サイン大全集 （CD-ROM付）

Page: 256 (Full Color)　¥15,000+Tax

街を彩るさまざまな看板を飲食・製造・販売・サービスなど業種別にまとめて紹介。256ページのボリュームに加え、掲載写真の収録CD-ROMも付いた看板デザイン集の決定版。サイン業界のプロから、あらゆるクリエイターにお薦めしたい1冊です。

From among the many signs that flood city streetscapes, we've selected only the most striking, the most beautiful, the most tasteful, and present them here categorized by industry: restaurant, manufacturing, retail, and service. A whopping 256 pages of signs ranging from world-renowned brands to local restaurants, this single volume is sure to provide a source of ideas with a CD-ROM.

NEW SHOP IMAGE GRAPHICS 2
ニュー ショップイメージ グラフィックス 2

Page: 224 (Full Color)　¥15,000+Tax

お店の個性を強く打ち出すためには、販売戦略と明確なコンセプトに基づいた、ショップのイメージ作りが重要です。本書は様々な業種からデザイン性の高いショップアイデンティティ展開を、グラフィックツールと店舗写真、コンセプト文を交え紹介。

Second volume of the best seller titls in overseas. New Shop Image Graphics released in 2002. This book covers the latest, unique and impressive graphics in interiors and exteriors of various shops as well as their supporting materials.

COSMETICS PACKAGE DESIGN
コスメパッケージ & ボトル デザイン

Page: 160 (Full Color)　¥7,800+Tax

化粧品、ヘルスケア用品（シャンプー・石鹸・入浴剤・整髪剤）のパッケージ、ボトルやチューブのデザインを中心に紹介。また、それらの商品しおり、ディスプレイ写真もあわせて掲載。「今、女性にウケるデザインとは？」がわかる1冊です。

Cosmetics and personal care products and their packaging represent the state of the art in design sensitive to the tastes of contemporary women. This collection presents a wide range of flowery, elegant, charming, and unique packages for makeup, skincare, body, bath, and hair-care products and fragrances selected from all over the world.

PRINT & WEB CATALOG
プリント&Web カタログ

Page: 288 (Full Color)　¥14,000+Tax

商品を魅力的に見せる、紙カタログとWebの商品案内ページを紹介します。図を使いわかりやすく表現した作品、ひときわ楽しく工夫された作品、商品の一覧が見やすい作品など、消費者の購買意欲を刺激するカタログを多数掲載しています。

A collection introducing printed catalogs and Web pages that show products off to their advantage in attractive and interesting ways. Works that use illustrations to make product characteristics readily understood, works that use devices to make them above all fun, works with products lists that are easy on the eye...the many catalogs presented within have one feature in common: they excite and stimulate consumer interest.

LOCAL COLOR GRAPHICS

地方色豊かなローカルグラフィックス

Page: 224 (Full Color) ￥14,000+Tax

タウン誌や広報誌、土産物・飲食店・観光案内のパンフレット・ポスター、美術館や各自治体のイベントポスター、特産品のパッケージなど、地方で頒布されているデザインの優れたグラフィックスを、全国9地方に分類し紹介しています。

Well-designed graphic works for promoting local foods & goods, events, tourism in leaflets and magazines for towns, pamphlets and posters for souvenirs, restaurants or sightseeing. More than 250 works are layouted by legion in Japan.

FOOD SHOP GRAPHICS

フード ショップ グラフィックス

Page: 224 (Full Color) ￥14,000+Tax

レストラン・カフェ・菓子店など、国内外のオリジナリティ溢れる飲食店のショップアイデンティティ特集です。メニューやリーフレットなどのグラフィックと、内装・外装の店舗写真、コンセプト文を交え、約120店を紹介。

Restaurants, cafes, sweet shops... 120 of the world's most original food-related store identities. Together with graphic applications ranging from menus to matches, each presentation features exterior and interior photos of the shops and brief descriptions of the concepts behind them.

WORLD CORPORATE PROFILE GRAPHICS

ニュー世界の会社案内グラフィックス

Page: 256 (Full Color) ￥14,000+Tax

世界から集めた最新の会社案内・学校・施設案内とアニュアルレポートを業種別に紹介。作品を大きく見せながらも形態、デザイン制作コンセプト、コンテンツ内容を簡潔に掲載しています。世界のデザイナーの動向を掴む上でも貴重な1冊です。

The latest exemplary company, school and institution guides and annual reports collected from diversified industries worldwide and grouped by line of business. Shown large scale, the pieces are accompanied by brief descriptions of their content and the concepts behind their design. Valuable for gleaning the latest trends in corporate communications.

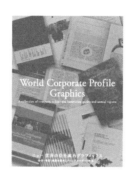

PACKAGE & WRAPPING GRAPHICS

パッケージ & ラッピングツール グラフィックス

Page: 224 (Full Color) ￥14,000+Tax

様々な商品パッケージには、販売対象やブランドイメージに沿ったデザイン戦略がなされており、商品イメージを決定する重要な役割を担っています。本書は世界中からデザイン性の高いパッケージとラッピングツールを多数ピックアップし、食・美容・住にコンテンツわけして紹介しています。

Package is based on carefully developed design strategies to appeal to target customers and to build brand and protect image. This collection presents a wide variety of packages and wrapping materials from around the world reflecting the state of the art. It is grouped loosely under the categories food, beauty and living.

ENCYCLOPEDIA OF PAPER-FOLDING DESIGN

DM・カードの折り方デザイン集

Page: 256 (B/W) ￥5,800+Tax

1枚の紙を折ることにより平面とは違う表情が生まれ、新しい機能を備えることが出来ます。DMやカードの折り方デザイン250点の作例と展開図とともに、その折りを効果的に生かした実際の作品も参考例として紹介。永久保存版の1冊です。

Folding a single sheet of paper imbues it with another dimension, and can change it in function. More than 250 printed materials shown as they are effected by folding, together with flat diagrams of their prefolded forms. The very reference material designers collect, permanently preserved in a single volume.

NEW ENCYCLOPEDIA OF PAPER-FOLDING DESIGNS

折り方大全集　カタログ・DM編（CD-ROM付）

Page: 240 (160 in Color) ￥7,800+Tax

デザインの表現方法の1つとして使われている『折り』。日頃何げなく目にしているDMやカード、企業のプロモーション用カタログなど身近なデザイン中に表現されている『折り』から、たたむ機能やせり出す、たわめる機能まで、約200点の作品を展開図で示し、『折り』を効果的に生かした実際の作品を掲載しています。

More than 200 examples of direct mail, cards, and other familiar printed materials featuring simple / multiple folds, folding up, and insertion shown as they are effected by folding along with flat diagrams of their prefolded forms. With CD-ROM.

カタログ・新刊のご案内について

総合カタログ、新刊案内をご希望の方は、はさみ込みのアンケートはがきをご返送いただくか、下記ピエ・ブックスへご連絡下さい。

CATALOGS and INFORMATION ON NEW PUBLICATIONS

If you would like to receive a free copy of our general catalog or details of our new publications, please fill out the enclosed postcard and return it to us by mail or fax.

CATALOGUES ET INFORMATIONS SUR LES NOUVELLES PUBLICATIONS

Si vous désirez recevoir un exemplaire gratuit de notre catalogue généralou des détails sur nos nouvelles publication.　veuillez compléter la carte réponse incluse et nous la retourner par courrierou par fax.

CATALOGE und INFORMATIONEN ÜBER NEUE TITLE

Wenn Sie unseren Gesamtkatalog oder Detailinformationen über unsere neuen Titel wünschen.fullen Sie bitte die beigefügte Postkarte aus und schicken Sie sie uns per Post oder Fax.

ピエ・ブックス

〒170-0005　東京都豊島区南大塚2-32-4
TEL: 03-5395-4811　FAX: 03-5395-4812
www.piebooks.com

PIE BOOKS

2-32-4 Minami-Otsuka Toshima-ku Tokyo 170-0005　JAPAN
TEL：+81-3-5395-4811　FAX：+81-3-5395-4812
www.piebooks.com

Girly Graphics
ガーリー グラフィックス

Jacket Design

Art Director & Designer：長嶋りかこ（博報堂）　Rikako Nagashima (HAKUHODO INC.)

Designer：水溜友絵（シロップ）　Tomoe Mizutamari (Syrup)

：石橋絵理（シロップ）　Eri Ishibashi (Syrup)

Photographer：MIKO LIM (D-CORD)

Photographer Assistant：村上裕司　Yuji Murakami

Stylist：TAKAO (angle)

Hairmake：本田千香子　Chikako Honda

Model：ALIIE (BLAVO)

Producer：星本和容　Kazuhiro Hoshimoto

Costume：ショートTシャツ・ショートパンツ・オールインワン
〈American Apparel / American Apparel 代官山店　03-3464-1880〉
ネックレス
〈Archiv / Eden Design　03-3719-1292〉

Designer：阿部リツコ　Ritsuko Abe

Design Manager：柴 亜季子　Akiko Shiba

Editor：山本章子　Akiko Yamamoto

西岡詠美　Emi Nishioka

Photographer：藤本邦治　Kuniharu Fujimoto

Translator：パメラ・ミキ　Pamela Miki

Publisher：三芳伸吾　Shingo Miyoshi

2008年1月13日　初版第1刷発行

発行所：ピエ・ブックス
〒170-0005　東京都豊島区南大塚2-32-4
編集　Tel:03-5395-4820　Fax:03-5395-4821　e-mail:editor@piebooks.com
営業　Tel:03-5395-4811　Fax:03-5395-4812　e-mail:sales@piebooks.com
http://www.piebooks.com

印刷・製本：大日本印刷株式会社 ／ 株式会社日本美術ライト商会

©2008 PIE BOOKS
ISBN978-4-89444-658-8 C3070

Printed in Japan

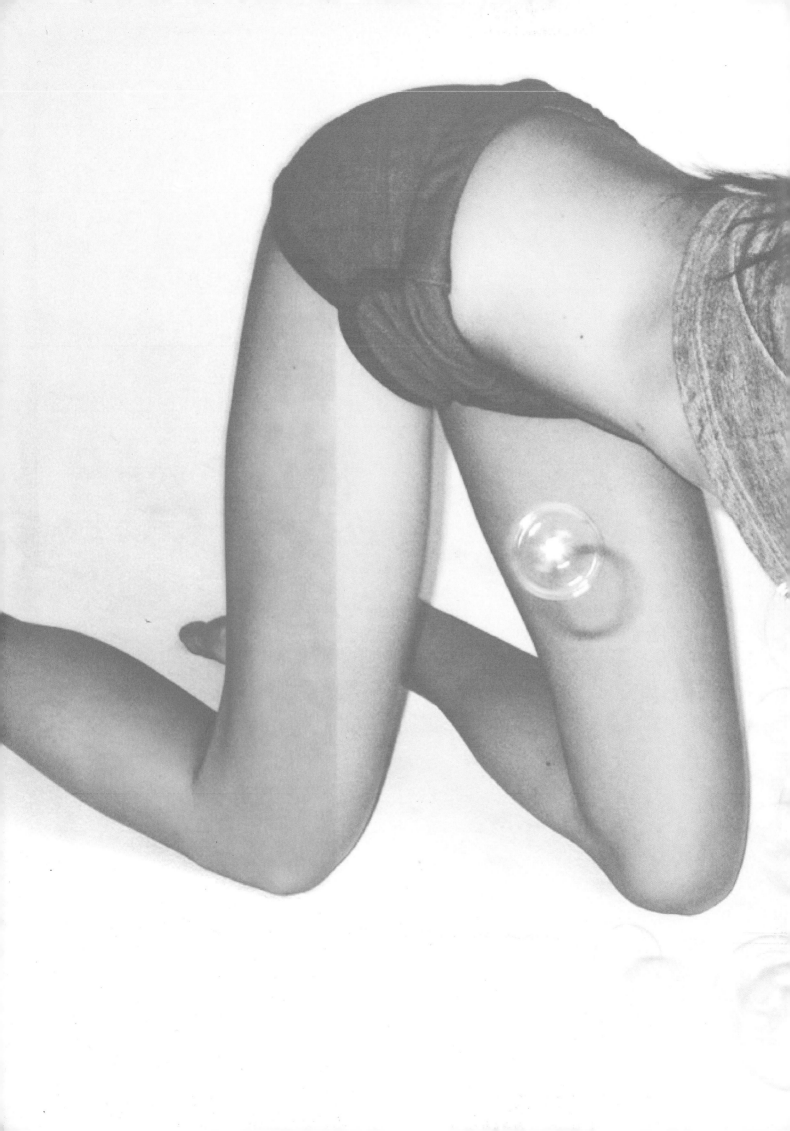